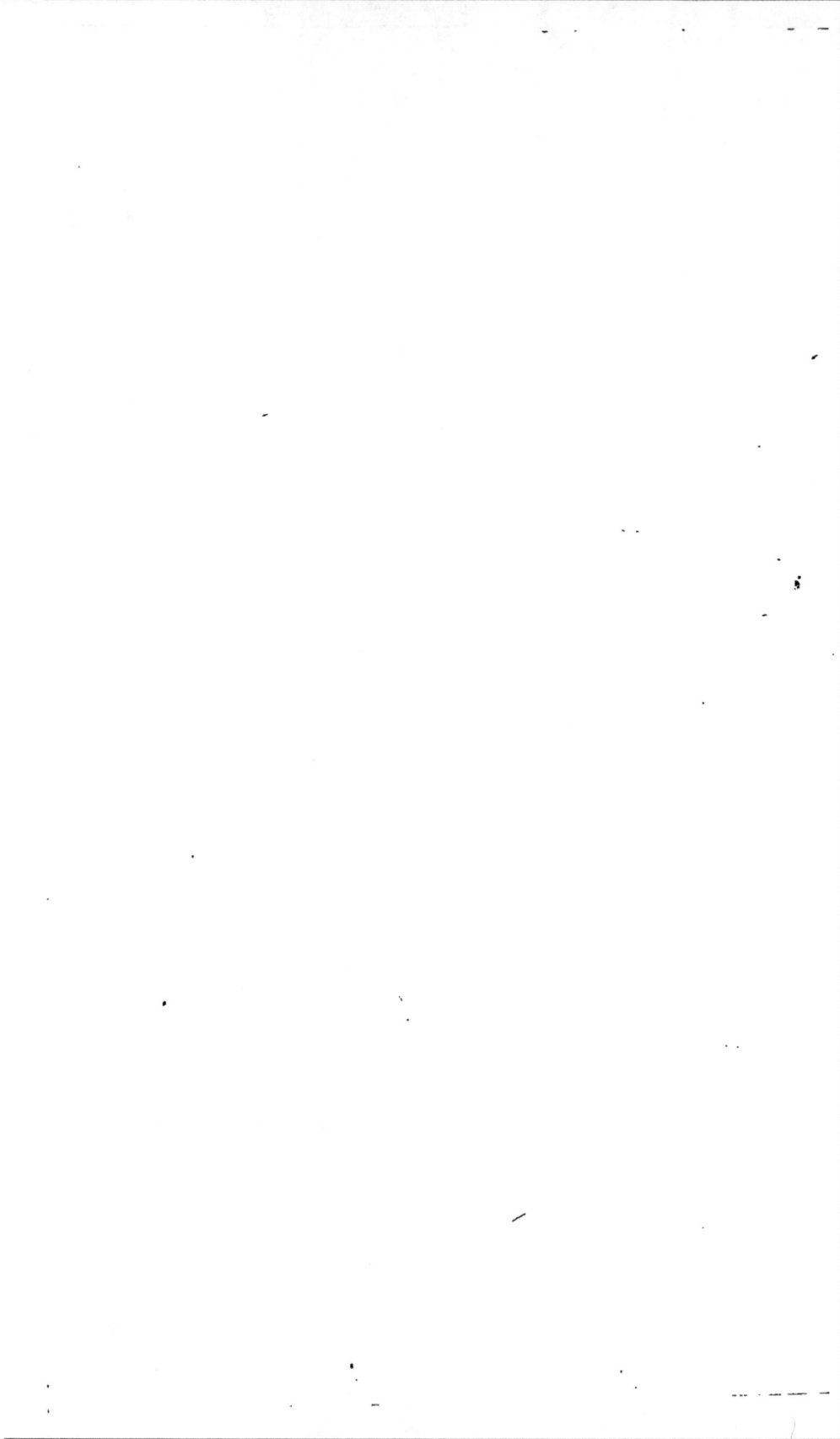

Jean - Louis LIGONIER

FELD - MARÉCHAL D'IRLANDE;

1680 - 1770.

ETUDE HISTORIQUE

PAR

Anacharsis COMBES.

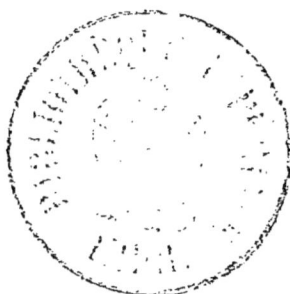

CASTRES,

Imprimerie de veuve Grillon, rue Sabbaterie, n° 7.

1866.

Jean - Louis LIGONIER

FELD-MARÉCHAL D'IRLANDE;

1680 - 1770.

I.

Un grand homme de guerre, celui dont nous entreprenons d'écrire l'histoire, s'exprimait ainsi dans une de ses lettres les plus intimes : « On accuse nos Languedociens « de ne point monter aux grands emplois de la guerre, « parceque ordinairement ils s'impatientent, et se retirent « chez eux, et je crois que cela est un peu vrai. »

Cette constatation d'un fait, expliqué par la raison prise du caractère local a certainement sa valeur ; mais elle semblera bien incomplète si l'on s'arrête aux autres causes qui, sous l'ancien régime, devaient peser sur l'art militaire pour rendre son exercice lent, restreint, d'un avancement difficile, propre à exciter l'impatience et le découragement ; car il était sans aucune des conditions que les révolutions modernes étaient appelées à faire naître.

En effet, dans un temps où le principe de la naissance, appuyé sur une tradition légitime, présidait à tout ; où la faveur comme le caprice du souverain, l'hérédité comme l'argent, créaient du soir au lendemain un général d'armée ; alors que la moindre intrigue de cour exaltait ou renversait un chef militaire : à une époque où la femme d'un prince du sang, nommé commandant de la cavalerie française avec le titre de lieutenant-général de l'armée d'Espagne, pouvait dire de lui : *Que voulez-vous ? · Conti est plus poltron que quelqu'un qui le serait beaucoup;* en présence d'événements qui se résolvaient le plus souvent par de simples évolutions stratégiques, de siéges d'une importance très-circonscrite, de batailles indécises, entrecoupées de quartiers d'hiver, suivie de spectacles de cour, et dont les résultats politiques s'ajournaient d'année en année, il eut été difficile que le métier des armes offrit à ses adeptes, une carrière sûre, avec des avantages de fortune ou de gloire, assez grands pour obtenir la persistance dans le travail qu'il faut afin de les atteindre.

D'autre part, certains pays, comme le Languedoc, par exemple, étaient mal situés pour former des soldats. Délimités d'une manière précise, entourés par la mer ou des frontières naturelles, cernés par des populations d'un caractère homogène, comment auraient-ils pu trouver l'occasion d'attaquer ou de se défendre ? D'où leur seraient venues les dispositions nécessaires aux mœurs guerrières, celles-là d'où surgissent surtout les grands capitaines ? ces mœurs appartiennent surtout aux hommes des frontières nationales ; elles se forment au sein d'une vicinalité toujours inquiète et jalouse; elles tiennent certains habitants de certains lieux, sans cesse en éveil les uns contre les autres, constamment en garde sur leurs possessions respectives, dans le but de les accroître, ou tout au moins de les conserver intactes, jusqu'au moment où un sentiment plus large, plus général, vient réunir en faisceau tous ces intérêts séparés, toutes ces positions diverses, au nom de la *Patrie*, et de l'*Unité* de royaume ou d'empire qui le représentent au plus haut degré.

Le patriotisme n'est plus aujourd'hui que l'effet de ce sentiment ; autrefois il en était la cause. La stratégie formait alors une science froide, calculatrice, régulière, temporisante ; elle subordonnait l'inspiration des chefs à des principes adoptés ; ses progrès étaient faibles, timides, difficultueux ; les accidents y contribuaient pour peu de chose. De nos jours au contraire, l'amour du sol natal, s'incarnant à la fois dans les généraux et les soldats, par une action incessante et réciproque, leur réservant à tous les mêmes privilèges, dûs au mérite personnel, au courage de nature ou d'habitude, à l'intelligence des circonstances, à la gloire des résultats, a transformé le *militarisme* en *héroïsme;* il a fait à chacun sa part dans une œuvre commune, en effaçant à jamais de l'histoire des nations, le spectacle et le récit de ces batailles, où l'on vit, comme à celle de Raucoux par exemple (11 octobre 1746), les Impériaux allemands commandés par un Lorrain, les Hollandais par un Allemand, les Français par un Saxon et les Anglais par un Français, né à Castres en Languedoc.

Ce français, ce languedocien, ce castrais, se nommait JEAN-LOUIS LIGONIER.

II.

La famille Ligonier, une des plus anciennes de la ville de Castres, dans le sens qu'on attribuait autrefois à ce mot, marquait en effet depuis longtemps par de nombreux services.

« Dès 1561, dit la *France Protestante*, nous trouvons mentionné parmi les principaux habitants réformés de Castres, Antoine Ligonier qui fut nommé, en 1567, receveur « des deniers publics, et revêtu en 1569, de la première « dignité municipale, avec Dominique Bouffard, seigneur « de Lagarrigue, Etienne Muratel et Barthélemy Nègre. « Il mourut en 1570 d'une fièvre pestilentielle qui, entre « autres personnages de marque, enleva le procureur du « Roi Melou, le conseiller Cabrier, et François Bouffard, « seigneur de Fiac.

« La généalogie de cette famille n'ayant pas été dressée « que nous sachions, il nous est impossible de dire si Jean « Ligonier consul de Castres en 1585, avec Antoine Villa-« ret, Jacques Boyer et Antoine Alary, était fils d'Antoine; « nous savons seulement qu'il se montra bon huguenot et « magistrat zélé dans l'exercice de ses fonctions; c'est « très-vraisemblablement de lui que descendait Jean « de Ligonier né le 4 avril 1578, et très-vraisemblable-« ment aussi David de Ligonier, avocat à la Chambre « mi-partie de Castres, et un des adversaires de Rohan, « lequel mourut à Paris en 1622, suivant les registres de « Charenton. »

Quelle que soit la certitude ou la présomption de l'origine légale de Jean de Ligonier, il suffira de constater ici qu'il avait été distingué par Henri de Bourbon devenu plus tard Henri IV, lorsqu'il vint préparer, avec ses corréligionnaires castrais, le moyen pour lui d'arriver au trône. Jean de Ligonier, receveur des deniers du diocèse et consul de la ville, servit en cette occasion le futur roi de France de son influence, de ses conseils et de son argent.

Jean de Ligonier se maria en premières noces avec Isabeau Dupuy. Cette alliance le rattachait aux Dupuy de Cabrilles, qui déjà, en 1452, propriétaires de la terre seigneuriale de Montcuquet, l'avaient offerte en hommage au seigneur vicomte de Lautrec, de la maison de Toulouse. Ainsi, cet apanage considérable, même à cette époque, entra et se conserva par substitution dans la famille Ligonier. Il fut transmis à Abel Ligonier fils aîné de Jean.

Ce dernier, chef de maison, était né à Castres, le 5 décembre 1613 ; il s'y était marié le 3 novembre 1634, avec Marguerite Le Roy, fille de Charles Le Roy, lieutenant-colonel et gouverneur de la ville; il y avait bâti son lieu de résidence, à l'intersection des deux rues du Palais et de Montfort, tel qu'on le voit encore avec sa tourelle à fenêtres carrées, et sa porte à plein cintre, ayant pour inscription : *Cœlum non solum.*

Au mois de septembre 1626, Abel de Ligonier avait déjà été pourvu de la charge de conseiller secrétaire du Roi, contrôleur en la chancellerie de Montpellier. Cette charge conférait la noblesse. Cela fut reconnu et confirmé dans les termes suivants par M. de Besons, commissaire spécial, à l'effet de vérifier les titres des gentilhommes de la province de Languedoc :

« Castres, 892. Ligonier (Antoine).

« Ligonier, secrétaire du Roi, contrôleur et secrétaire
« en la chancellerie de Montpellier, pourvu au mois de
« septembre 1626,

« Eut pour enfants :

« 1o Daniel Ligonier, seigneur de Pratviel, baptisé le
« 30 décembre 1634 ;

« 2o Abel Ligonier, seigneur de Puechmire, baptisé le
« 5 janvier 1639.

« N (nobles) comme fils de secrétaire du Roi, le 17 mars
« 1670.

« Castres, 893. Ligonier. D'or à l'ours de sable armé,
« lampassé, et allumé de gueules.

« Abel Ligonier, secrétaire du roi, en la chancellerie de
« Montpellier, eut pour enfants :

« 1º Louis,

« 2º Abel ,

« 3º Daniel Ligonier,

« N (nobles) en vertu de l'office de leur père le 27 mars
« 1670. (1)

Du mariage d'Abel de Ligonier, avec Marguerite Le Roy,
naquit, à Castres le 20 janvier 1640, Louis de Ligonier,
il épousa Marguerite du Poncet, suivant un acte qu'il est
bon de reproduire textuellement ici , afin de dissiper
quelques incertitudes, résultant de généalogies incomplè-
tes ou mal copiées :

« Le vingt-huitième mars mil six cent septante-sept,
« dans le temple de Roquecourbe, par M. Pierre de Can-
« doumerc, ministre de ladite église, a été bénit le ma-
« riage de noble Louys de Ligonier, seigneur de Mont-
« cuquet, fils de M. Me Abel de Ligonier, conseiller,
« secrétaire du roi, et de dame Marguerite Le Roy, ses
« père et mère, habitants de la ville de Castres, et demoi-
« selle Louyse du Poncet, fille de M. Louys du Poncet,
« receveur du diocèse de Castres, et de demoiselle Clau-
« dine de Gautrand, ses père et mère, habitans aussi audit
« Castres, étant ledit époux âgé de trente-cinq ans ou en-
« viron, étant sous la puissance de père et de mère, et
« ladite épouse âgée de vingt-cinq ans ou environ, n'étant
« sous la puissance de père ni de mère ; à ce présent le
« susdit seigneur de Ligonier , père dudit époux et
« MMe Jean du Poncet, frère de ladite épouse et le sieur
« Jean Meillet bourgeois dudit Roquecourbe , signés
» avec lesdits mariés et le sieur Candoumerc et moi
« ancien, secrétaire. — Signés de Ligonier, Ligonier Mont-
« cuquet, Candoumerc. »

(1) Extrait des jugements de M. de Besons sur la noblesse de
Languedoc, généralité de Toulouse, imprimés dans les pièces fu-
gitives pour servir à l'histoire de France , 3 volumes in-4, sans
nom d'auteur. quoiqu'il soit prouvé que celui-ci est le Marquis
d'Aubaïs.

Ce mariage ne dura que seize ans. Il fut dissous par la mort de Louis de Ligonier arrivée en 1693. Il ne fut pas moins extraordinaire par les nombreux enfants qui en provinrent, et les honorables carrières qu'ils parcoururent. En voici le tableau par ordre de naissance :

1er né, 24 octobre 1679, Abel Ligonier, seigneur de Montcuquet, mort à Castres le 22 juillet 1769, après avoir servi dans les armées du roi et s'être marié le 8 octobre 1708, avec Louise de Boileau de Castelnau, père de six enfants, remarquables, comme lui et ses frères, par leur longévité ;

2e Jean-Louis, dont il importe de donner en ce moment l'extrait baptistaire, puisqu'il doit servir de point de départ à cette étude historique, ayant trait principalement aux événements de sa vie :

« Cejourd'hui 19 octobre 1680, par M. de Jaussaud « ministre, a été baptisé au temple de Castres, un enfant « de noble Louis de Ligonier, seigneur de Montcuquet, et « de demoiselle du Poncet, habitants de la présente ville; « a été présenté au baptême par M. Jean du Poncet, sei- « gneur de La Trinque, parrain, et par demoiselle Mar- « guerite Le Roy, femme de MMe Abel de Ligonier, « conseiller et secrétaire du roi, marraine ; et lui a été « imposé nom Jean-Louis, né le 17 du mois, et an ci-dessus « contient vérité ; ledit seigneur de Ligonier père s'étant « signé avec ledit sieur du Poncet et avec ladite de- « moiselle Marguerite Le Roy, marraine ; en foi de ce, « signés : Ligonier Montcuquet, Marguerite Le Roy, « du Poncet, Jaussaud » ;

3e enfant, Antoine Ligonier, né le 8 novembre 1681, mort en Angleterre, major d'infanterie et sans postérité, le 25 février 1729 ;

4e Marie-Marguerite Ligonier, née le 8 janvier 1684, mariée avec M. de La Deveze, et morte à la Haye en Hollande ;

5e Godefroy Ligonier, né le 17 juillet 1689 ;

6e Daniel-Henri Ligonier, né le 13 mars 1692, mort en 1737, en France, lieutenant de cavalerie ;

7e François-Auguste Ligonier, né le 4 septembre 1693, sorti de France en 1710, cornette dans le régiment des gardes dragons du roi d'Angleterre, capitaine en 1720, colonel de dragons, blessé à la bataille de Dottingen, fait brigadier à cette occasion, et mort à Edimbourg par suite d'une nouvelle blessure, reçue à Falkirk.

Si, à ce nombre de sept enfants, on en ajoute quatre autres morts en bas âge, ce qui fait onze, on aura une idée de ces puissantes familles d'autrefois, auxquelles, évidemment la fortune patrimoniale ne suffisait pas, surtout sous la loi en vigueur des majorats et des substitutions, mais que les institutions sociales couvraient de leur aide, par un privilége en quelque sorte légitime, en les incorporant à des services publics, devenus ainsi leur apanage.

La maison des Ligonier était ainsi parvenue à compter parmi les plus notables de la ville de Castres. Sortie de la bourgeoisie, ennoblie dans ses chefs, par récompense des services publics qu'elle avait rendus pendant plusieurs générations, elle acquérait par ce moyen un droit aux grades militaires pour chacun de ses membres. Il n'est donc pas étonnant qu'une éducation spéciale dût leur être donnée, afin de les rendre dignes de les obtenir un jour. Cela explique pourquoi on les trouve presque tous militaires, à la fin du dix-septième siècle, ou au commencement du dix-huitième, époque des premiers temps de la carrière de Jean Louis, cadet de cette nombreuse famille, et celui qui devait projeter sur elle une si grande illustration.

Quel fut le berceau de cette illustration ? quels éléments les circonstances y apportèrent-elles ? sur quel théâtre, et par quelles excitations parvint-elle à se faire reconnaître et récompenser ? Tel a été l'objet de ces recherches. Tel est le sujet principal de cette œuvre.

III.

Au moment où Jean-Louis Ligonier vint au monde, la ville de Castres, en était à ses dernières épreuves de constance et d'efforts afin de conserver les avantages qu'elle tenait de l'âme conciliante d'Henri IV, et de la sagesse politique de Richelieu. Après avoir été le boulevard le plus puissant du Calvinisme dans le Midi ; après avoir obtenu de la paix d'Alais une organisation judiciaire, scolaire et administrative qui, sans porter atteinte à l'autorité gouvernementale, la consolidant au contraire, donnait une suffisante satisfaction aux deux religions longtemps en présence les armes à la main, elle avait vu, pendant cinquante-six ans, l'expérience garantir l'efficacité de cet état de choses ; et cela, malgré plusieurs tentatives du pouvoir royal, à l'effet de tout ramener à son unité, plutôt monarchique que nationale. Mais les mœurs publiques, formées sous l'influence de la chambre de l'Edit mi-partie, aidées puissamment par l'éducation donnée dans un collège d'une haute renommée, personnifiées par des hommes d'un grand nom, ou d'une grande considération littéraire, entretenues chaque jour dans leur esprit de rapprochements individuels, par l'admission des notabilités locales, aux mêmes fonctions municipales ou hospitalières, ces mœurs se laissaient peu entamer. Elles opposaient une passive résistance aux ordres venus de Versailles, qu'elle qu'en fut, d'ailleurs, l'impérieuse brutalité ; elles apprenaient à se soumettre ostensiblement à la loi du plus fort, en conservant dans le for intérieur de chacun, le principe de la liberté de penser et de croire.

Telles furent les premières impressions que Jean-Louis Ligonier dut recevoir dans sa famille. La révocation de l'Edit de Nantes, vint bientôt. les soumettre, elle et lui à de rudes épreuves. Cette mesure d'autant plus odieuse, qu'elle était inutile ; cette rigueur que l'état des esprits, atténua considérablement dans le pays castrais ; ce coup d'état, dont personne ne voulut bientôt accepter la responsabilité, pas même madame de Maintenon, qui l'avait désavoué d'avance en écrivant à son frère en 1672. « Il faut « attirer les hommes par la charité. Jésus-Christ en a « donné l'exemple et telle est l'intention du roi. C'est aux « évêques et aux curés à faire des conversions par la doc- « trine et par l'exemple. Ni Dieu, ni le Roi ne vous ont « donné charge d'âmes ! sanctifiez la vôtre, et soyez fidèle « pour vous seul. » La révocation de l'Edit de Nantes, frappait tous les Ligonier dans leur principe religieux. Les uns cherchèrent à s'y soustraire par l'émigration ; d'autres en se convertissant à la religion catholique. Louis, le père commun, fut de ce nombre. Il sauva ainsi la plus grande partie de sa fortune, même celle de Louis·

Du Poncel son beau-frère, qui venait de se réfugier à Utrech, en Hollande. Malgré cela, Louis Ligonier de Montcuquet obtint de la faveur du Roi. la permission d'établir sur sa tête d'abord, puis sur celle d'Abel son fils aîné, les biens des Du Poncel, y compris la propriété de leur maison patrimoniale, située dans la rue des Pradels, maison reconstruite vers 1718, dans l'état où on la voit encore aujourd'hui.

Jean-Louis Ligonier, partagea cette résidence tout le temps que dura son éducation, sauf des séjours plus ou moins prolongés chaque année au château de Montcuquet. Là, cette éducation se compléta, sous les yeux d'un maître particulier, par des exercices de gymnastique et des études de science militaire.

Ce château admirablement situé, dans un riche vallon, sur un mamelon défensible à tous ses aspects, au centre d'un pays où vivait encore le souvenir des sièges et des combats. des guerres civiles de la fin du seizième siècle; tourné d'un côté vers le chef-lieu seigneurial des Vicomtes de Lautrec, d'où était déjà sorti un maréchal de France, de l'autre. vers l'ancien château de La Gardie, appartenant à la famille de ce nom, dont un membre, aventurier célèbre, était devenu général et ambassadeur au service de la Suède, ce château exerça-t-il, par cela même, une influence quelconque sur les premières dispositions du futur Feld-Maréchal d'Irlande? Qui oserait l'affirmer d'une manière certaine? Toujours est-il, que là s'est retrouvé après son départ pour l'étranger, au milieu de ses cahiers classiques, une simple feuille de papier, écrite des deux côtés par la main de son oncle Daniel, tué au siège de Namur, et présentant le tableau détaillé de la bataille de Steinkerque, ce dernier triomphe du Maréchal de Luxembourg, ce titre suprême de la gloire du fameux *Tapissier de Notre-Dame*, dont toute l'Europe parlait alors, dont les jeunes militaires surtout enviaient, en l'admirant, la valeur stratégique.

Quoi qu'il en soit de ces considérations, Jean-Louis Ligonier devait et voulait être soldat. Seulement, il aurait pu hésiter sur le choix du pays, où il avait à poser les commencements de sa carrière. Son extrême jeunesse, lui permit de balancer sa décision quelque temps et de prendre conseil des circonstances. Enfin, les suites heureuses de la révolution d'Angleterre, contre-coup naturel de la révocation de l'Edit de Nantes, l'exemple ou l'excitation de plusieurs de ses parents, la mort de son père, remplacé dans le rôle de chef de famille, par son fils aîné, converti comme lui, et par-dessus tout la répugnance à changer de religion sans avoir rien fait jusques-là qui prouvât chez lui autre chose qu'une conviction ordinaire, le décidèrent. Il avait eu d'ailleurs, le temps de lire et de méditer la lettre de Charles II, roi d'Angleterre, à Louis XIV ; lettre rendue publique par Mme de Montespan, quelques mois après la mort de celui qui l'avait écrite, et devenue, chez tous les protestants de France, une espèce de *Vade Mecum*, et de passe-port à l'étranger. Là se trouvait en effet en propres termes :

« Sire, je vous conjure, au nom du grand Henri dont
« le sang coule dans nos veines, de respecter les protes-
« tants, qu'il regardait comme ses enfants. Si, comme on
« le dit, vous voulez les forcer à renoncer à leur religion,
« sous la peine de les bannir de vos Etas, je leur offre un
« asile dans le royaume d'Angleterre. » ....

Jean-Louis Ligonier, quitta son pays natal, pour n'y plus revenir en 1698, et non en 1724, suivant une erreur de la biographie Michaud, reproduite par le continuateur de l'histoire de Languedoc. Cette dernière date est évidemment inexacte; car déjà alors, le réfugié castrais était devenu Maréchal de camp, dans l'armée anglaise, après être passé par tous les grades inférieurs.

IV.

Jean-Louis Ligonier, voyageant sous le nom de *Lanauze*, traversa Paris sans obstacles, se dirigea par terre sur la Hollande ; et, parvenu à Utrech, il se trouva réuni avec Antoine, son frère puîné, qui l'avait précédé de quelques mois, se livrant déjà à des études de théologie. Là, résidaient d'ailleurs, depuis quelque temps, son oncle Du Poncet, qui pourvut à ses premiers besoins, et son cousin Jean Du Poncet, colloqué dans un régiment irlandais, avec le grade de lieutenant-colonel.

Voici la lettre qu'il s'empressa d'écrire à sa mère :

« Madame ma très-chère mère, — C'est avec une dou-
« leur bien sensible que j'ai appris par une lettre de mon
« frère que ma sœur n'est plus avec vous, et par consé-
« quent votre état et votre affliction. Je vous assure que
« j'en suis touché autant que je dois par l'amitié que j'ai
« pour elle et par la douleur que vous en avez sans doute;
« non-seulement par plusieurs autres raisons que parce
« que c'était le seul de vos enfants, qui pouvait vous être
« de quelque consolation. Vous en avez deux dans ce
« pays-ci, au bonheur desquels il ne manque que de vous
« savoir tranquille. Si les vœux ardents que je fais tous
« les jours à Dieu, qu'il lui plaise de vous en donner des
« plus heureux, étaient exaucés, vous auriez lieu d'être
« contente; mais il faut attendre de sa miséricorde, que
« nos malheurs finiront bientôt.

« Je finis, Madame ma très-chère mère, en vous priant
« de me donner quelquefois de vos chères nouvelles. Dès
« que j'en aurai reçu, je passerai en Irlande, avec mon
« cousin D. P. qui a trouvé à propos aussi bien que mon
« oncle, que je fisse ce voyage, croyant qu'on pourra y
« trouver quelque emploi à acheter plus facilement qu'en
« ce pays-ci, qui me donnera mieux à vivre que ce que je
« pourrais avoir d'ailleurs. C'est ainsi, que nous avions fait
« notre plan, et pour cela il ne nous manque que votre
« approbation sans laquelle, quand je le pourrais, je ne
« ferais jamais rien, je vous prie d'en être persuadée. Il
« ne me reste qu'à vous demander un peu de part dans
« votre souvenir et dans votre amitié. Si l'on pouvait la
« mériter par toute la soumission et le respect possibles,
« j'y aurais une bonne part, je vous prie d'en être persua-
« dée, et que je suis avec un profond respect, Madame
« ma très-chère mère, votre très humble et très obéissant
« serviteur et fils, Lanauze, à Utrech le 11 septembre. »

Cette lettre, copiée sur le manuscrit original, sans aucun changement, est essentiellement remarquable. Ecrite
par un jeune homme de dix-sept ans, on y respire un
parfum de bonne éducation, on y trouve un sentiment de
soumission à l'autorité maternelle, qu'on rencontre rarement ailleurs, dans les mêmes conditions. Comparée avec
une autre lettre du même temps de la main d'Antoine Ligonier, frère et condisciple de Jean Louis, mais qui est

trop longue pour être reproduite ici, elle annonce d'avance la différence de destinée qui allait s'établir entre l'un et l'autre. A travers l'écriture, au fond des pensées, on commence à voir à distance celui des deux qui devait vite conquérir une supériorité relative, de manière à pouvoir la rendre profitable à son inférieur d'âge, et peut-être aussi d'éducation.

Le fait dont il est question dans la première phrase de cet écrit, se rapporte à Marie-Marguerite Ligonier, enlevée à la direction de sa mère veuve, dont, à peine âgée de quatorze ans, elle faisait la plus douce, et sans doute la seule consolation à défaut des autres membres de sa famille, constitue le caractère le plus odieux de la révocation de l'Edit de Nantes, dans le pays castrais. Jusqu'à l'emploi de ce moyen extrême, pris contre les nouveaux convertis dans la personne de leurs enfants, la population frappée par cette mesure s'était soumise, sans une trop grande résistance. Quelques rares émigrations avaient eu lieu; mais, comme celle de Rapin de Thoyras, parti en 1686, et déjà connu par son savoir, elles s'étaient opérées sans jactance et sans esclandre. Tous les temples protestants, étaient successivement tombés sous la hâche ou sous le marteau, mais aucun trouble public n'avait accompagné ou suivi cette ignoble destruction. Les hommes préposés à l'exécution de la mesure, notamment Caraman-Bonrepos, s'étaient, il est vrai, attachés à entourer leur mission de prudence et à la concilier avec une charité toute chrétienne. Car c'était dans sa plus entière sincérité que ce dernier écrivait au fameux Pelisson son compatriote, le 1ᵉʳ juillet 1686.

« Je tiens la main, autant qu'il m'est possible, à ce qu'on
« ne les inquiète pas par des tracasseries, qui ne font pas
« le fonds de la religion ; à quoi quelques curés ne sont
« que trop portés, voulant se servir de la conjoncture pré-
« sente pour se venger de leurs rancunes particulières et
« pour se faire valoir, sans songer que l'esprit de l'église
« est un esprit d'union et de paix, outre que l'*intérêt du*
« *Roi*, se trouve joint dans cette occasion avec *celui de*
« *Dieu*, étant d'une très-grande conséquence *d'unir deux*
« *partis que la différence de sentiment avait extrémement*
« *divisés.* »

Caraman-Bonrepos, l'auteur de ces bonnes paroles, était

catholique et royaliste, dans le sens le plus large de ces mots. Né à Castres, où régnait déjà depuis longtemps l'esprit de tolérance pratique, tenant à des parents appartenant à l'une et à l'autre des deux religions, ayant vécu avec des hommes instruits et conciliants, comme étaient les membres de la chambre de l'Edit, les administrateurs locaux, les premiers professeurs du collége, les académiciens de la corporation littéraire de 1648, en un mot, les représentants des hautes classes de la société d'alors, il voulait avec eux que les deux cultes rivaux pussent vivre ensemble dans les mêmes murs, de manière que le principe monarchique fût pour chacun d'eux, une règle d'ordre réciproque, de supports mutuels, de rapprochements continus, plutôt qu'une cause de contrainte ou d'absorption forcée.

Cela résulte de toute sa correspondance, soit avec l'intendant de la province, soit avec les sommités gouvernementales de l'époque, les Noailles, les Louvois, les Créqui, les Latrousse, etc.... ; mais il s'y plaint souvent des sentiments peu charitables du clergé, de ses haineuses surexcitations, de la tendance à envenimer les choses, au lieu de les calmer. « J'arrive de Mazamet, écrit-il à l'intendant sous la « date du 31 juillet 1686, c'est un lieu où les choses se « passent assez bien; et cependant les curés, y sont si pas-« sionnés qu'ils me donnent plus de peine que tout le reste « du diocèse de Lavaur.

Le remède à tout cela était-il dans la révocation de l'Edit de Nantes? On en essaya un mois après ces doléances ; les malheurs augmentèrent de plus en plus jusques à se compliquer bientôt de la misère, de la famine et des épidémies qui suivent toujours celles-ci, de la guerre civile entre le Roi d'un côté et ses sujets les plus soumis de l'autre, de l'anéantissement du commerce local, de l'épuisement des ressources publiques et privées, enfin de la mise hors de la loi d'une partie des habitants de la France. On ne les livrait plus au bûcher comme dans les commencements de la réforme, on ne les tuait pas traîteusement à coup d'arquebuses, comme au jour de la St-Barthélemy, mais on les expulsait du sol natal, à force d'exigences, d'injustices, de persécutions, quand on ne traînait pas aux galères, la chaîne au cou, ceux dont on ne trouvait pas la volonté de se convertir assez bruyante, ou l'apostasie assez vantarde, ceux qu'on appelait expressément des *récalcitrants* ou des *relaps.*

Les *Annales Protestantes* donnent le nom, année par année, de 1687 à 1714, des Castrais qui furent soumis à ce dernier genre de punition. Il est considérable; et c'est uniquement pour ne pas réveiller de tristes souvenirs de part et d'autre, qu'il a paru prudent de ne pas le transcrire ici.

Eh ! que ne laissait-on faire au temps ou aux dispositions particulières des habitants de Castres ? L'unité tant recherchée à l'aide d'un crime politique, se serait accomplie par la tolérance qui était déjà dans tous les esprits ; car elle amenait déjà tous les jours des conversions nombreuses mais sincères.

On lit, en effet, dans l'histoire continuée de Languedoc:

« Castres avait, comme Montauban, été l'un des plus
« forts boulevards du Calvinisme. De ses murs étaient sor-
« ties bien souvent, ces troupes fanatiques et spoliatrices,
« qui avaient ravagé toutes les contrées voisines, détruit ou
« profané les églises, massacré les populations sans défen-
« se, et nourri le feu de la guerre civile dans le Haut-Lan-
« guedoc, (on peut observer en passant que ces énormités
« s'étaient déjà fortement amoindries pendant l a guerre
« qui avait précédé la paix d'Alais, et, qu'auparavant
« même, la St-Barthélemy s'était passée à Castres sans au-
« cune des horreurs qui la signalèrent dans les villes voi-
« sines, notamment dans celle de Gaillac); « Mais, conti-
« nue le même auteur, les mœurs féroces de ces sectaires
« impitoyables, avait été remplacée à Castres, par de dou-
« ces habitudes et par l'amour des sciences et des lettres;
« ses fortifications étaient tombées, et cette ville n'offrait
« plus les traces de ces temps malheureux où les chefs du
« protestantisme y venaient méditer sur les moyens de dé-
« truire leurs ennemis. Le nombre des catholiques y sur-
« passait le nombre des prétendus réformés; et des conver-
« sions éclatantes l'accroissaient chaque jour. Dans ce
« nombre, on ne peut oublier celle du savant André Da-
« cier, né dans cette ville, et de la célèbre Anne Lefevre sa
« femme, couple qui a honoré la littérature savante et qui
« est encore une des gloires de la France..... L'exemple
« donné par des personnes aussi éminentes, entraîna
« une portion des habitants de Castres dans le sein de
« l'église catholique avant la révocation de l'Edit de Nan-
« tes, qui n'eut lieu que le 22 octobre. Le 25 septembre,

« Dacier écrivant à Milton, son ami, lui dit qu'il n'a pu
« lire sans transport de joie la lettre qu'il avait reçue de
« lui et ajoute : « Je suis persuadé que celle que je vous
« écris aujourd'hui ne vous en donnera pas moins, car
« elle vous apprendra que ma femme et moi sommes très
« bons catholiques; nous le serions, il y a plus de quatre
« mois, si nous n'eussions ménagé les choses pour rendre
« notre conversion plus agréable à Dieu, et au Roi, et plus
« utile au pays. Cela nous a heureusement réussi, et en nous
« déclarant, nous avons obligé la plus grande partie de
« la ville à nous suivre. Jeudi dernier, nous leur fîmes si-
« gner une déclaration très conforme à la volonté du roi, et
« tout Castres sera catholique dans quatre jours. »

Cette prévision se serait réalisée; l'exemple donné par
un homme supérieur en science, recommandable par sa
moralité, aurait été suivi, l'unité de croyance se serait
faite. Qui l'empêcha ? Les passions mesquines et sournoises,
dont parle Caraman Bonrepos, les convertisseurs intéres-
sés qui voulurent presque aussitôt jauger les consciences,
peser le plus ou moins de sincérité des convictions, les soumettre au creuset des considérations personnelles, gâter,
en un mot, les résultats moraux de soixante ans de paix,
de savoir vivre, de support mutuel, d'accord patrio-
tique.

Jean-Louis Ligonier fut le témoin de toutes ces choses.
Il les apprit souvent dans ces épanchements de famille,
qui forment une éducation complémentaire où tout se dit
sans apprêt, où les moindres détails ont leur charme, où
la crainte se dissipe, en même temps que la douleur s'é-
vanouit. C'est là qu'il entendit parler de l'exil volontaire
ou forcé de son oncle du Poncet, de la correspondance
qu'il entretenait avec son père d'abord, avec sa mère en-
suite, et dont les détails se distinguent par un caractère
parfait de résignation et d'espérance religieuses. C'est de
là qu'il put voir les dragons de la Reine, venus pour tenir
garnison dans la maison des dames de Vignals, ou de
Campans, ses parentes, qui n'avaient pas pu suivre leurs
enfants à l'étranger, et auxquelles, de par le Roi, il n'était
accordé que huit jours pour se faire catholiques. C'est autour de lui qu'il put entendre supputer jour par jour le
nombre grossissant de ses compatriotes, de ses proches,
de ses amis, vivant sous la protection de la Hollande, et

3.

tous cherchant une nouvelle carrière en rapport avec leur naissance et leur éducation.

V.

La paix de Rieswick venait d'être conclue. La guerre perdait ainsi son caractère de nationalité. Rien n'annonçait sur quel point les entreprises de la France allaient se porter. Jean-Louis Ligonier, libre de tout engagement politique, mais fortement impressionné par une recrudescence de persécution qui menaçait sa mère, à laquelle d'ailleurs, il laissait pour appui son frère aîné devenu catholique comme elle, tourna ses projets d'avenir vers le nord de l'Europe. Il croyait trouver là, plus de facilité, comme plus d'occasions de pratiquer l'art de la guerre, objet de toutes ses études. Ses relations de famille se trouvaient presque entièrement de ce côté. L'Angleterre demandait des officiers pour réprimer les troubles d'Irlande. Il réfléchit néanmoins quelque temps encore avant de prendre une détermination ; mais il arrêta son dessein quelque temps après que sa mère eut reçu la lettre suivante, écrite par M. Du Poncet, son oncle et son parrain :

« Le 20 février 1698, à Mme De Montcuquet, à Castres « par Toulouse :

« Je reviens, ma très-chère Madame, aux raisons qui « vous ont obligée à garder le silence pendant quelque « temps à mon égard ; sur quoi je dois vous dire « que vous n'avez pas besoin d'excuses à mon en- « droit, parce que depuis longtemps, je suis persuadé de « vos bontés pour moi et pour tout ce qui me regarde et « où je prends intérêt ; vous ne vous lassez pas de m'en « donner de nouvelles marques, auxquelles je suis tou- « jours fort sensible ; ce dont je vous demande toujours « la continuation et pour moi et pour ma famille...... Je « ne doute pas, ma chère Madame, que le retour de mon « vieux camarade ici, ne vous ait fait un véritable plaisir, « comme vous m'en assurez, dont lui et moi vous sommes « très-obligés. J'espère, avec la grâce de Dieu, que nous « passerons le reste de nos jours ensemble, qui sont déjà « fort avancés, puisque nous ne sommes plus jeunes, lui

« ni moi ; et sommes très fâchés des motifs qui ont mo-
« déré la joie que vous donne son arrivée dans ces bien-
« heureuses contrées, puisque vous nous confirmez ce que
« nous avions appris, avec une extrême douleur des di-
« vers endroits, de quelle manière on vous traite ; ce qui
« est très affligeant sans doute, parce que vous ne vous
« attendiez point à de nouvelles épreuves. Mais si Dieu
« vous appelle, il faut les soutenir non seulement en
« femme forte, comme vous êtes, mais surtout en chré-
« tienne, en vous appliquant les paroles contenues dans le
« chapitre 3 de l'Apocalypse, v. 11, en ces fermes voies:
« *je viens bientôt, tiens ferme ce que tu as, de peur qu'un*
« *autre n'enlève ta couronne;* le plus sûr est de n'exposer
« point sa foi, et, selon le précepte de Jésus-Christ, si l'on
« vous persécute dans un *lieu fuyez dans l'autre.* Cepen-
« dant, si le combat est inévitable et la résistance néces-
« saire, je prie Dieu qu'il ne vous envoie point de tenta-
« tion au-dessus de vos forces.... Il est surprenant qu'a-
« près l'exemple arrivé dans la principauté d'Orange,
« dans laquelle généralement tous ceux qu'on appelait
« nouveaux convertis se sont relevés, et sont rentrés dans
« la bergerie du Seigneur Jésus-Christ, excepté un M.
« nous le savons bien, et que pour cela, plusieurs catho-
« liques romains ont embrassé la religion protestante, ce
« qui est certain ; je m'étonne qu'après cela on ne laisse
« pas les gens en repos ; je ne doute pas que si le roi ve-
« nait à savoir ce que je viens de dire, il ne fût touché de
« l'état d'un grand nombre de ses sujets qui n'ont d'autre
« désir que de vouloir vivre bien suivant les lumières de
« leurs consciences, parce qu'ils savent le langage qu'ont
« tenu en pareil cas les apôtres lorsqu'on leur défendait
« d'annoncer au peuple le Seigneur Jésus. *Jugez,* disaient-
« ils, *s'il n'est pas juste d'obéir plutôt à Dieu qu'aux hom-*
« *mes.* Je ne prétends pas par ce que je viens de vous rap-
« porter, et ce que j'ai dessein d'ajouter de vous rien appren-
« dre que vous ne sachiez vous-même tout comme moi,
« mais seulement, pour vous rafraichir la mémoire. Si vous
« me demandez ce que des pères et mères ont à faire dans
« ces deux extrémités dont on les menace, de mener eux-
« mêmes leurs propres enfants à la messe, et de les enlever
« à ceux qui le refuseront, la chose est décidée depuis
« longtemps, puisqu'il n'y a pas à balancer là-dessus. C'est
« l'apôtre St-Paul qui en a fait la décision par la défense
« qu'il nous a faite de faire le mal afin que le bien arrive ;

or, qui ne voit que ce serait faire un grand péché, si les
« pères et mères consentaient par leur propre volonté à
« faire une chose pour laquelle je suppose, qu'ils n'ont pas
« la foi. Ils doivent se souvenir que le même Saint-Paul
« nous apprend que *tout ce qui est fait sans foi est péché.*

« Pour ce qu'on vous avait rapporté, le jour avant de
« m'écrire, que M. de C...., vous voulait faire reléguer,
« prenant pour prétexte la sortie des......, j'espère de
« la bonté divine que cela ne vous arrivera pas, ce que je
« lui demande pour vous, ma très-chère Madame, avec
« tout le zèle et avec toute l'ardeur dont je puis être ca-
« pable. Ce n'est pas que je ne croie que vous devez vous
« attendre à voir bien des choses, si Dieu, qui est plus
« puissant que tous les hommes du monde ensemble, ne
« détourne les desseins de ceux qui sont mal intentionés.
« Vous vous étiez flattés la plupart par les bonnes espé-
« rances que vous aviez conçues de la paix, ou qu'on vous
« avait données ; je ne vous blâme pas en cela, sachant
« qu'il est naturel d'espérer ce qu'on souhaite. Vous sa-
« vez sans doute ce que j'ai toujours écrit dans le pays où
« vous êtes sur le sujet de notre retour en France, que
« c'était la vue de ces choses que je souhaitais plus que
« je ne les prévois. L'événement n'a point trompé mon at-
« tente, dont je suis très fâché ; mais Dieu le voulant
« ainsi, c'est à vous et à nous de nous régler à sa volonté,
« rien n'étant plus juste que notre soumission aux
« ordres de sa divine Providence. Dieu veuille par sa grâce
« bénir toutes les personnes qui témoignent encore des
« bons desseins et les faire réussir à sa gloire et à la conso-
« lation de ses véritables enfants, en leur donnant la force
« de pouvoir continuer à supporter avec confiance toutes les
« épreuves auxquelles ces personnes peuvent être exposées,
« jusqu'à-ce qu'il lui plaise de les terminer par une heu-
« reuse délivrance, pour laquelle je ne cesserai jamais de
« faire des vœux, par une infinité de raisons que vous
« connaissez aussi bien que moi. J'espère même de la
« bonté divine qu'ils seront exaucés quand ce sera son
« bon plaisir et qu'il l'aura ainsi pour agréable. Cepen-
« dant, le contraire peut arriver, et que nous ne nous
« verrons jamais plus ; et en ce cas, nous devons faire nos
« efforts pour donner des bornes aux mouvements de nos
« désirs, et nous tourner du côté de la Providence pour y
« trouver notre consolation, dans l'assurance qu'étant plus
« sage que nous, elle n'agit jamais que pour le bien de ses

« enfants. Ayons, vous et moi, cette ferme confiance et es-
« pérons que Dieu aura pitié de ceux qui l'invoquent
« en esprit et en vérité, puisque nous savons que toutes
« choses aident ensemble en bien à ceux qui aiment Dieu,
« selon son propos. Au reste, je n'ai pas dessein de suivre
« votre lettre, ma très-chère Madame, par rapport au
« reste, parce qu'il n'y a point de remède.... On assure
« que le Roi, comme on l'écrit de Paris veut donner une
« nouvelle déclaration qui portera que tous les nouveaux
« réunis seront obligés de faire tous les devoirs avec toutes
« les fonctions de bons catholiques, et que ceux qui refu-
« seront auront la liberté de sortir du royaume avec un
« bâton blanc à la main, c'est-à-dire sans aucuns biens. Je
« ne me rends pas garant de la certitude de la nouvelle,
» si ce n'est qu'on me la débitée pour certaine, et que
« l'arrivée de Messieurs les Ambassadeurs des princes pro-
« testants à Paris aurait sursis les ordres qu'on avait
« donnés contre les nouveaux catholiques et envoyés à
« Orléans pour les faire exécuter, mais qu'on avait contre-
« mandés. Cela est-il vrai à la lettre ? C'est ce que je ne
« puis pas assurer ; si ce n'est que je l'ai vu ainsi par
« écrit dans une lettre de Paris avec un de mes amis qui
« me l'a fait lire, après l'avoir reçue. Le temps nous éclair-
« cira là-dessus, et bientôt, si Dieu nous fait la grâce de
« vivre. Il est certain que vous auriez pu faire bien des
« choses que vous n'avez pas faites ; mais Dieu ne l'ayant
« pas voulu, puisqu'il ne l'a pas permis, vous ne devez pas
« le vouloir non plus ; mais continuez à le prier et à vous
« humilier comme vous faites en sa présence, et votre hu-
« milité lui sera agréable, puisque vous savez que Dieu
« résiste aux orgueilleux et qu'il fait grâce aux hum-
« bles. » ....

Le ton de cet écrit, ferme et sévère, son style correct et
froid, le sentiment de résignation qui y règne, l'absence
de toute récrimination injurieuse, ou insultante, le caractère de puritanisme, en un mot, qu'on peut y remarquer,
tout cela donne une idée juste du caractère protestant à
cette époque. M. Du Poncet, écrivait à une nouvelle con-
vertie ; il la renvoyait à elle-même, quant aux repro-
ches qu'avait à lui faire sa conscience; il s'en rapportait
au temps, et aux changements favorables ou non qu'il devait amener. Il affectait de ne pas dire un mot sur le
compte de ses enfants, notamment de Jean-Louis, dont il

pouvait connaître les dispositions, mais qu'il s'était déjà défendu d'avoir inspirées dans une lettre précédente.

Quoi qu'il en soit, ce fut dans ces circonstances que Jean-Louis Ligonier se rendit près de son oncle. Celui-ci s'empressa le 29 septembre 1698. d'écrire à Madame de Montcuquet, une très-longue lettre où se trouve ce passage :

« Jean-Louis arrive en ce pays sans argent et très-mal
« nipé. D'ailleurs, je veux dire sans linge que très-peu et
« fort usé, et s'il est vrai qu'il apporte trois habits, rouge,
« bleu et gris, et que sur les deux derniers il y ait du ga-
« lon d'argent ou de l'or, il est vrai aussi que les trois ha-
« bits ensemble n'en valent pas un de bon. On m'a cru
« riche sans fondement, puisque la vérité est que je suis
« fort pauvre. S'il en était autrement, je ferais de bon
« cœur toutes les avances nécessaires pour ses deux frères
« qui le méritent par eux-mêmes, étant bien faits de corps
« et d'esprit ; mais ils sont encore jeunes, et j'espère et je
« souhaite de tout mon cœur qu'avec le temps ils donne-
« ront toute sorte de consolation à tous égards, à Madame
« leur mère qui a grand sujet de rendre grâce à Dieu de
« ce qu'il lui a plu de conduire deux de ses enfants dans
« un pays de liberté où ils peuvent servir Dieu selon les
« mouvements de leur conscience, où je la souhaiterais
« elle-même avec tout le reste de sa famille.... J'ai fourni,
« ajoute-t-il, à M. Jean-Louis, soixante-dix livres de ce
« pays, pour l'achat de six chemises, six cravates et six
« mouchoirs, dont il avait grand besoin, parce qu'il était
« bien mal nipé, le tout sans dentelles, et sans dorure, ce
« qui ne serait pas de mon goût, surtout ce dernier ai-
« mant peu le faste, mais fort l'humilité. » Enfin, il con-
seille à sa mère, de servir à chacun de ses enfants une pension annuelle de six cents livres de France.

Voilà donc toutes les ressources de Jean-Louis Ligonier, d'un homme destiné à devenir un jour un des premiers personnages de l'Angleterre ; l'exil, la pauvreté, le mépris du luxe, six cents livres par an, son épée et ses bras, voilà son point de départ. Il est vrai qu'il trouvait déjà en lui-même l'amour du travail, le désir de bien faire, la persistance et l'assiduité, dans le but de s'ouvrir presque aussitôt une carrière honorable, si ce n'est glorieuse, et la résolution d'y consacrer toute son existence. Cependant les difficultés étaient grandes. M. Du Poncet les signale ainsi dans une lettre du 16 octobre 1698 :

« Nous sommes ici en parfaite santé par la grâce de
« Dieu et en particulier les deux frères dont vous me par-
« lez, qui ont écrit depuis peu à Madame leur mère à la
« même adresse dont je me sers, (cette adresse était à madame d'Aillot, à Castres, et les lettres sans signature, s'a-
dressaient à une tierce personne sous le nom de Mme de
la Badourlié, qui n'était autre que Mme Ve Louis Ligonier
de Montcuquet.) « Vous pouvez s'il vous plait l'assurer que
« rien ne s'est pas encore présenté pour l'aîné, et que je
« ferai toujours à l'égard de tous les deux tout ce que je
« pourrai, d'abord pour l'amour d'eux-mêmes qui sont tout
« à fait aimables, mais encore pour bien d'autres raisons
« que vous n'ignorez pas, dont votre recommandation n'est
« pas des moindres. Après cela, ma très-chère Madame,
« il faut vous dire que je n'ignore pas qne votre bonne
« amie, Madame de la Badourlié, a six enfants, et que le
« temps est mauvais par la difficulté qu'on a de faire de
« l'argent dans vos provinces. Cependant, j'apprends avec
« une vive douleur que le luxe; l'orgueil et la vanité que
« le monde fomente, n'ont jamais été au point qu'ils sont
« dans votre pays; ce qui est fort affligeant sans doute,
« étant très fâché de ce qu'on s'est peu conformé à ce que
« j'ai souvent écrit à cet égard; et sur le sujet de mes en-
« fants, quand je fais réflexion aux choses que nous ap-
« prenons qui se font à certains égards dans mon ancienne
« et ingrate patrie, je tremble par rapport au général,
« et en particulier pour les personnes qu'elle me retient
« encore et qui me sont chères et proches, priant le
« Seigneur de vouloir être appaisé et d'avoir pitié d'elles ;
« et de plus je fais ce que je puis pour inspirer ces sen-
« timents d'humilité aux deux jeunes frères; j'espère qu'ils
« s'y conformeront, mais surtout à ceux de Madame
« leur mère, à quoi je les tiendrai toujours sollicités. Le
« cadet est encore indéterminé s'il continuera ce qu'il a
« commencé.... Je ne doute pas que les deux frères n'aient
« fait de fort grandes dépenses, dont la plus grande part
« était inutile. Si vous saviez de quelle manière on
« parle en ce pays en général de ces gens là, par rapport
« à la grande affaire de notre salut, cela est affligeant ;
« je fais de bon cœur ce que je puis pour mes amis et
« amies, mais le malheur est qne je ne puis pas grand
« chose que par ma bonne volonté. Jean-Louis couche avec
« moi, lui ni son frère ne sauraient m'incommoder, mais il
« nous faut vivre à la réfugiée, c'est-à-dire fort à l'étroit

« parce que nous ne pouvons pas faire autrement, en nous
« contentant du nécessaire, comme vous exhortez qu'il
« faut faire, étant certain que tout est fort cher. »

La correspondance de M. Du Poncet ne va pas plus loin,
sous le rapport des commencements de son neveu Jean-
Louis Ligonier. D'après d'autres documents, il paraîtrait
que pendant l'année 1699, ce dernier se serait incorporé,
comme volontaire, dans un régiment anglais, faisant son
service en Irlande. Ligonier volontaire, débutait comme
Malborough, qui était venu servir comme tel sous Turenne,
et comme Maurice de Saxe, avec qui il aurait à se mesurer
un jour. Cette position de soldat volontaire, sous des généraux d'une certaine renommée, était, à cette époque,
la meilleure école pour apprendre l'art de la guerre. Libres
de changer de pays, libres de choisir leurs supérieurs,
libres de se retirer après chaque campagne, les gentilshommes, cadets de famille, commençaient ordinairement
par là, lorsque d'ailleurs la naissance et la fortune ne leur
permettaient pas d'arriver, sans intermédiaire, à la possession d'un régiment ou d'une compagnie.

VI.

Ce n'est ici nullement le cas de porter un jugement sur
les quinze dernières années du règne de Louis XIV. L'histoire a déjà, depuis longtemps, tout dit à ce sujet. Les faits
sont d'ailleurs assez frappants pour parler par eux-mêmes.
La guerre de la succession d'Espagne, la révolte des Cévennes, l'hiver de 1709, la famine qui le suivit, dix ans de
guerres désastreuses, une paix humiliante, la mort du roi, à
son dernier terme d'impopularité ; voilà les tristes événements que cette période de temps représente, alors que,
toute la responsabilité en revient à un seul homme ; à celui qui révoqua l'Edit de Nantes, cette source de misères,
de guerres civiles, de coalitions, de richesses perdues, de
commerce anéanti, d'autorité compromise, de conscience
révoltée. De là devaient pourtant sortir la philosophie du
dix-huitième siècle et la révolution française de 1789.

Pendant ces quinze années, Jean-Louis Ligonier, mar-
cha rapidement dans sa direction d'homme de guerre. Au

premier bruit d'une campagne en Flandre, il quitta l'Irlande pour devenir officier d'infanterie en Angleterre *par achat*, comme il le dit lui-même, *d'une compagnie dans un vieux corps.* En cette qualité, il suivit Malborough dans ses premières expéditions sur le continent. Il se fit de prime-abord distinguer par ce général; si bien, qu'immédiatement après la campagne de 1703, il fut nommé major du régiment, où il comptait depuis un an comme capitaine. Ce nouveau grade, coïncidant d'ailleurs, avec les nouvelles dispositions de la reine Anne, en faveur des protestants réfugiés, reconnus désormais comme ses sujets, le fixa définitivement dans les rangs de l'armée britannique avec une certaine réputation de courage et de probité. On trouve en effet, dans une lettre de ce temps là, écrite par un sieur Ligonier des Vignals : « Nous avons appris avec beaucoup de plaisir que mon cousin de Lanauze, (ce nom Jean-Louis se l'était donné en s'exilant), avait fait la campagne heureusement..... Tout le monde qui le connaît nous dit que c'est un fort honnête homme, fort estimé, et fort aimé de son colonel. »

Le major Ligonier, poursuivit ses premiers avantages en s'attachant de plus en plus à la fortune militaire de Malborough; il ne le quitta pas un seul moment pendant six ans de batailles, de siéges ou de combats. Il combattit à côté du général en chef à Ramilies, à Oudenarde, à Malplaquet, étudiant ainsi sur place, au jour le jour, affaire par affaire, cet homme dont on a dit, qu'il *était de tous les généraux de l'époque celui qui possédait au plus haut degré la tranquillité dans le courage et la sécurité dans le péril.* Double qualité par quoi Ligonier, son élève, devait plus tard se rendre remarquable à la tête d'une armée, comme il l'était déjà dans une position subalterne.

D'autre part, cette position était excellente, pour qui voulait comprendre et pratiquer alors l'art de la guerre. Elle permettait de suivre, jusques dans leur origine même, les conceptions stratégiques des généraux opposés à ceux de la France. Il y avait chez eux plus de spontanéité, plus de liberté dans les mouvements, plus d'inspiration en nn mot. Ils n'attendaient pas comme ceux-là, leurs plans de la conr. Ils n'avaient pas à s'incliner devant les ordres du Roi, quels qu'ils fussent, afin de les exécuter sans discussion. Leur mérite personnel était compté pour

4.

quelque chose, si ce n'est pour tout. Aussi prenaient-ils hardiment leur revanche des succès du maréchal de Luxembourg. Si à Fleurus et à Staffarde, avec 28 escadrons, celui-ci en avait écrasé 75, eux, à Ramillies, surent mettre en déroute, après un quart d'heure de combat, le maréchal de Villeroy, malgré ses 80,000 hommes, dont 4,000 restèrent sur le champ de bataille, et 20,000 se perdirent dans la retraite.

Les succès des ennemis de la France finirent à la disgrâce de Malboroug. Il se retira conservant à Ligonier, sa protection, si faible qu'elle pût être pour le moment, mais assez puissante encore pour le faire nommer lieutenant-colonel de dragons en 1710, et deux ans après, gouverneur du fort St-Philippe dans l'île de Minorque, prise par les Anglais peu de temps avant le traité d'Utrech.

C'était une mission de confiance ; c'était un poste pour lequel il fallait un administrateur aussi bien qu'un militaire. Ligonier se rendit digne de l'occuper sous ces deux rapports. Aussi la Reine voulut-elle reconnaître ses services, en le rappelant bientôt à l'armée active avec le grade de colonel de cavalerie. Cette distinction lui permit de retenir auprès de lui, comme cornette dans son régiment des gardes dragons du roi d'Angleterre, François-Auguste Ligonier son plus jeune frère, réfugié depuis 1710, et qui ne tarda pas à imiter, avec gloire et honneur, l'exemple de son aîné.

Telle était la position de Jean-Louis Ligonier en 1749. Il l'avait conquise en seize années, et sans avoir atteint la trentième année de son âge. Mais ce qui la rend encore plus glorieuse, c'est que, pour en arriver là, sa valeur personnelle avait tout fait, sans en excepter toutefois quelques avantages physiques, une bonne éducation, un gros bon sens, une raison très sûre, et le besoin bien senti de s'abandonner tout entier à la carrière des armes, afin de la poursuivre jusqu'aux plus hauts grades. Cela va être justifié par la suite de cette étude ; en attendant on peut compléter ce qui vient d'être dit, par l'extrait suivant d'une lettre écrite de Londres, à M. de Montcuquet, son frère, vers 1719 :

« Le colonel est en ville depuis une quinzaine de jours, se portant fort bien. Il est à peu près de ma taille, ayant l'air de feu M. Delille, (c'était un de ses oncles, capitaine de grenadiers, au régiment de Monseigneur, tué en 1695, au siège de Namur), excepté qu'il n'est pas si gros ; il est si aimable que tant les dames que les seigneurs l'entraînent, de manière que je n'ai pu le voir que trois fois. Il est très agréablement en toutes manières, bien logé dans une maison à lui, et son régiment qui est toujours en Irlande lui vaut plus de 12.000 guinées tous les ans, ce qui fait autour de 25.000 livres de France ; ce qui serait une somme considérable, si en vivant parmi les Anglais on n'était obligé de faire une grosse dépense en équipages habits, domestiques, etc., et surtout à Londres, qui est je crois la plus grande ville de l'Europe, et où la vie et les ouvriers sont aussi chers qu'à Paris. »

Le colonel Ligonier, écrivit lui-même alors à son frère aîné, qui résidait à Castres. Cette lettre, est la première d'une correspondance régulière, établie entre eux deux, et que le hasard semble avoir conservée, pour prouver que le premier ne fut pas seulement un bon soldat, mais encore un parent dévoué, généreux, fécond en excellents conseils, seulement d'une extrême sévérité sur le point d'honneur.

Cet écrit commence et se termine ainsi :

« J'ai reçu avec bien de plaisir votre lettre, mon cher frère, dans le moment que j'allais monter en carrosse pour aller à la campagne.... J'espère avoir la satisfaction de voir ma chère mère et toute sa famille au printemps ; faites leur, je vous prie, à tous, mille amitiés ; on m'attend ;... adieu, je vous embrasse du meilleur de mon cœur. — Ligonier. »

Cette signature se retrouve telle quelle dans toutes les autres lettres de Ligonier. Le plus souvent elle est précédée des initiales J.-L. Jamais elle ne se complète de la particule *de*. Plus tard seulement, lorsqu'il fut nommé chevalier de l'ordre du Bain, il signa le chevalier Ligonier. Ce dernier n'ignorait pas en effet, que le mot *de*, sans un nom de terre à la suite ne constitue pas un titre de noblesse. Il savait d'ailleurs que, confirmé noble en 1770, par M. de Besons en vertu d'un jugement spécial, suivi de lettres patentes enregistrées au parlement, son père Louis Ligonier, seigneur de Montcuquet ne pouvait, conformément aux conditions du droit nobiliaire d'alors, transmettre ce privilège et ce nom qu'à son fils aîné. Les

autres ne devaient retirer de cette reconnaissance, comme
cadets de famille, que la faculté d'entrer au service du
Roi, soit comme officiers propriétaires de compagnies, ache-
tées ou trasmises, soit comme dévolutaires de certains grades. Ainsi il était arrivé pour Daniel-Henri Ligonier, un
de ses frères, lequel, resté en France, figurait en qualité
de lieutenant dans un régiment de cavalerie.

Après avoir formé, comme on vient de le voir, le projet
d'un voyage à Castres, Jean-Louis Ligonier l'exécuta-t-il ?
On ne sait. Il est probable cependant qu'il resta en Angleterre. La peste de Marseille, dont on craignait tant l'in-
vasion en Languedoc à cette époque, l'état misérable où se
trouvait la ville de Castres, les bruits précurseurs d'une
nouvelle persécution des protestants, enfin l'Edit contresi-
gné par le Duc de Bourbon à son avénement au ministère,
tout cela n'était pas fait pour confirmer le fugitif de 1698,
dans le désir de revoir son pays natal. Sa position était
d'ailleurs, si belle en Angleterre; les avantages qu'il trouvait
à ne pas quitter son régiment étaient si considérables, (on
les évaluait à 100,000 livres d'économie par année), les
événements politiques se montraient si incertains, que
l'idée de son voyage sur le continent dût bientôt s'affaiblir
et disparaître. D'autant que, pendant la période de 1720 à
1735, il a avait fait l'acquisition, à Londres et dans le parc
du Roi, d'une maison entourée de beaux jardins et prés, et
de la capitainerie générale de la chasse, ce qui lui coûtait
2,400 pièces et devait lui rapporter de 3 à 400 pièces de
revenu, sur trois vies, la sienne, celle du major son frère
Antoine, et d'un seigneur beaucoup plus jeune qu'eux.
C'est une très bonne affaire et un établissement honorable
et gracieux. » (Lettre de M. Du Poncet - Vintrou, février
1735.)

VII.

Jean-Louis Ligonier devenu propriétaire en Angleterre,
après s'y être naturalisé, en entrant dans la carrière des
armes, condition indispensable suivant les lois britanniques, attendait ainsi, que de nouvelles circonstances s'ou-
vrissent devant son avenir. Les vingts ans de paix qui venaient de s'écouler avaient considérablement vieilli les an-

ciens généraux de l'Europe, Malborough était mort. Le
Prince Eugène s'affaiblissait. Bervick et Villars, en dispa-
raissant avaient fait place au chevalier de Follard et au
comte de Saxe. C'est dire assez que la tactique ancienne
était déjà dépassée, et qu'à de nouvelles situations, il fallait
de nouveaux chefs d'armée.

Avec sa prescience ordinaire, l'Angleterre le comprit
bien vite. Aussi à la veille de la guerre de sept ans, 'cher-
cha-t-elle à rajeunir le personnel de ses généraux. C'est à
cela que Ligonier dut sa promotion à un nouveau grade.
Voici comment il l'annonce à son frère :

« A Londres, le 20e mars 1736.

« Il y a longtemps, mon cher frère, que je devais avoir
répondu à la lettre que vous me fites le plaisir de m'écrire.
Je vous en fais mon excuse ; c'est toujours quelque chose
que de savoir avouer qu'on a tort. Je suis fâché que je ne
me trouvais pas en Angleterre au voyage que Monsieur le
marquis de Malauze y fit. J'aurais été charmé d'avoir
l'honneur de le connaître et d'avoir pu lui procurer quelques amusements, je vous serai bien obligé de l'assurer de
mes très humbles respects. Le Roi m'a fait la grâce de me
nommer Brigadier-Général de ses armées, c'est-à-dire de
cavalerie, infanterie et dragons, et je suis le dix-huitième
seulement, après vingt-quatre ans de commission de colonel ; je ne puis pourtant pas me plaindre parce que je suis
dans mon rang. Vous m'apprenez que Messieurs De Lac-
ger ont quitté le service ; *on accuse nos languedociens de*
ne point mordre aux grands emplois de la guerre parce que
ordinairement ils s'impatientent et se retirent chez eux, et
je crois que cela est un peu vrai. Il y a beaucoup de nos
officiers qui ont vu Monsieur de Pratviel et qui m'en di-
sent beaucoup de bien (1). J'attends le major, (son frère
François-Auguste) d'Irlande au commencement d'avril ; il
vient exprès pour me faire visite ; il n'a pas été dans ce
pays depuis la mort de pauvre feu, mon frère (Antoine

---

(1). Ligonier seigneur de Pratviel, lieutenant au régiment d'infanterie Touraine en 1701, capitaine en 1705, capitaine de Grenadiers en 1709, major en 1711, lieutenant-colonel en 1724, brigadier
des armées du roi en 1730, marié avec demoiselle Marie d'Aus-
bourg de Labaume en 1711, mort sans enfants, en 1739.

mort aussi major en 1729). Je vous prie de bien assurer ma mère de mon respect, et de lui dire qu'ayant affaire ici, le mois de novembre prochain, j'accomplirai ma promesse. Mille amitiés s'il vous plait à Mme de Montcuquet, et à toute votre famille ; je n'oublierai pas la montre à la première occasion ; et je suis toujours mon cher frère, très-sincèrement et du meilleur de mon cœur, tout votre très-obéissant serviteur. — J.-L. Ligonier. »

Dans une lettre suivante (9 décembre 1736), il s'informe des enfants de son frère, et à ce sujet il lui donne ces conseils :

« Quel âge ont vos enfants ? Et à quoi destinez-vous le second ? Si c'est pour l'armée, comme je prends part à ce qui vous touche, j'espère que vous ne le laisserez pas subalterne. Souvenez-vous de l'exemple de........ qui, avec de bons principes dans les commencements, se jeta dans les excès quand il désespéra de s'avancer ; faites-moi le plaisir de me mander le prix des compagnies de cavalerie chez vous, et des régiments de cavalerie de gentilshommes. Vous me ferez plaisir aussi de me blasonner vos armes dans votre première lettre, afin que je sache si nous les portons comme il faut. Adieu, mon cher frère, etc. — J.-L. Ligonier. »

Un mot sur ces armoiries. D'après le jugement de Maintenne, les Ligonier portaient d'or *à l'ours de sable armé, lampassé et allumé de gueules.* D'après l'empreinte du cachet de la lettre précédente, Jean-Louis avait adopté de *gueules au lion d'or, lampassé au chef d'azur, chargé d'un croissant, accolé de deux étoiles,* casque de fasce en cimier, pour support deux lions, et pour devise *à Rege et Victoriâ.* Plus tard ces armes plus complètes et plus ornées furent dessinées au bas de la gravure du tableau de Reynols, où se trouve en même temps les divers titres de celui qu'elle représente. Cet écrit les fera successivement connaître.

La lettre suivante complète les deux qui viennent d'être rapportées, en même temps elle fait connaître les dispositions de Ligonier sur le mariage :

« A Londres, le 15 juillet 1737.

« J'ai reçu votre lettre, mon cher frère, du vingtième

de mai, avec l'offre obligeante de notre cousin M. d'Aubuisson. Je la reçois avec toute la reconnaissance dont je puis être capable. Mais, mon cher frère, vous voyez bien que l'âge de cette jeune et belle cousine dont on m'a dit infiniment de bien, et le mien ne s'accordent pas. Un homme qui a passé cinquante ans, n'est guère le fait d'une dame de trente-trois ans. Elle, selon les apparences, ne sait rien de l'offre obligeante de Monsieur son père. Je vous prie donc, mon cher frère, de l'assurer que je reçois, comme je le dois, cette marque de son amitié, et qu'il n'y a point d'alliance que je préférasse à la sienne. Et, plût au ciel que je n'eusse que trente ans, pour que je pusse profiter de l'honneur qu'il me fait ! Je suis aussi très sensible à l'honneur que me fait Mousieur le Marquis de Malauze (1), que je vous prie d'assurer de mon respect très humble. Pour la compagnie de cavalerie, dès que vous croirez le temps propre, je m'offre très volontiers à la moitié des frais.... Le Roi ayant donné un régiment à M. de Bleckey, lieutenant-colouel du régiment des dragons de Cope, dout mon frère est major, Sa Majesté a eu la bonté de donner la lieutenance-colonelle, à notre frère. C'est un événement qui m'a fait beaucoup de plaisir et qui, je compte vous en fera aussi. Je viens de le lui mander. Adieu, mon cher frère, mille tendres respects à ma mère et mille amitiés à votre famille, et croyez-moi toujours entièrement à vous.
— J.-L. Ligonier. »

Voici à son tour, comment s'exprimait le nouveau lieutenant-colonel, en écrivant à sa mère : « Dublin, le 31 août 1739 :

« Je laissai mon frère à Londres, il y a deux mois. J'eus hier de lui une lettre, dans laquelle il me mande qu'il

---

(1). Le Marquis de Malauze, petit-neveu du Duc de Rohan, constituait alors le représentant des dernières familles princières du pays Castrais. Il devait sans doute à cette position, la faculté d'être resté protestant, et de ne pas avoir été obligé de s'expatrier, lors de la révocation de l'Edit de Nantes. A l'occasion de la révolte des Cévennes, il avait même tenté d'y prendre part, d'accord avec S. M. la reine Anne. Ses rapports avec les réfugiés de Hollande et d'Angleterre ne cessèrent jamais. Après quelques voyages à l'étranger, il rentra à Castres, où il mourut sans laisser de postérité, en 1741, dans sa maison de Frascati. Ses restes furent transportés à Lacaze de Sénégats, pour être déposés dans un magnifique tombeau de famille, qui occupait toute l'étendue d'une chapelle dans l'église de cette paroisse.

est parti pour ce royaume, et j'espère avoir le plaisir de l'embrasser dans peu de jours. Il me mande par cette lettre que le roi m'a fait l'honneur de me donner la lieutenance-colonelle du régiment de Ligonier, et, j'ai désormais le plaisir d'être à la tête du régiment de mon frère. Vous savez sans doute, qu'il est maréchal-de-camp et qu'il a des lettres de service dans ce royaume. J'ose vous assurer sans aucune partialité, que c'est un gentilhomme très aimé, et très estimé. Aussi le mérite-t-il bien !...,

Ce cri du cœur est toujours doux à entendre, même de la bouche d'un frère, surtout lorsque, comme ici, il se mêle à l'acclamation générale, qui suivit toujours les divers avancements de Jean-Louis Ligonier, et qui se justifie d'ailleurs, par le sentiment de raison, et de bonhomie, qu'on retrouve dans toutes ses lettres. C'est ce que confirment encore celles-ci :

« A Londres, le 16 avril 1739.

« Ma mère me mande que vous vous plaignez de moi, mon cher frère ; mais il me semble que la paresse d'écrire est un vice de famille, car je n'ai point reçu de vos nouvelles depuis que je vous mandais que mon frère avait été fait lieutenant-colonel de dragons. Je me flatte, si j'en juge par moi-même que nous ne nous en aimons pas moins, mais il me semble que si nous nous le disions un peu plus souvent, il n'en arriverait aucun mal. Le colonel est ici avec moi ; il vous fait mille amitiés. Il partira dans peu pour l'Irlande, où je compte aussi passer l'été. J'ai été affligé de la mort de nos parents : M. de Pratviel est une perte pour votre famille. Il y a si peu de gens de votre pays qui persévèrent dans le service qu'on les voit rarement devenir officiers-généraux. J'assure ici toute votre famille de mon attachement et amitié. Mes respects très-humbles à M. le Marquis de Malauze, et croyez moi, mon cher frère, parfaitement à vous. — J.-L. Ligonier. »

« A Dublin, le 3 octobre 1740.

« Voilà bien du temps, mon cher frère, que nous gardons le silence l'un et l'autre. Rompons-le donc. Je viens d'arriver du sud de ce royaume où j'ai été tout cet été passé. J'y ai commandé un petit corps de troupes pour garantir nos places maritimes et m'opposer aux desseins

que Messieurs les Espagnols avaient de faire sur nos cô-
les. Le roi me fit la grâce, il y a environ six mois, de me
donner le commandement de Kingsale, située sur les cô-
tes du sud et la plus forte place du royaume ; voilà ce qui
me regarde. Mon régiment était de notre petite armée et
par conséquent, mon frère était avec moi ; il est ici à cette
heure et vous assure fort de son amitié. Pour ce qui est de
votre cadet, je ne puis que vous répéter ce que je vous ai
dit ; le présent que je lui destine est prêt, quand vous au-
rez occasion de l'employer ; seulement je vous conseille
de ne pas les mettre dans les emplois subalternes, où ils
demeurent longtemps, pâtissent et perdent ambition et courage, et quelquefois plus que tout cela, je veux dire l'honneur et la probité. Je suis fâché de n'avoir point des habitudes en France; mais si vous en exceptez M. le Marquis
de Malauze, que j'ai eu l'honneur de voir à Londres, et
le Marquis de Clermont d'Amboise qui , je le crains, n'est
pas trop en faveur, je n'ai point d'autre connaissance, le
premier pourra vous procurer des recommandations
pour obtenir une compagnie de cavalerie si cela se peut.

« Je serai charmé d'apprendre que ma mère est en
bonne santé ; assurez-la, s'il vous plaît, de mon plus profond et tendre respect ; j'embrasse toute votre famille. et
suis, mon cher frère, du meilleur de mon cœur tout à
vous. — J.-L. Ligonier. »

« A Gand, le 10 février 1742.

« Je vous souhaite, mon cher frère, une bonne et heu-
reuse année, aussi bien qu'à toute votre famille. J'ai reçu
votre dernière lettre. Je vous envoie inclus une lettre de
change de 400 francs, pour aider au jeune cavalier. Au
reste, quoique vous ayez vu avec quelle grâce et quelle
bonté le grand Prince a voulu se charger de lui, j'allais
dire, je ne veux point : mais au moins, je ne vous conseille
absolument point de l'envoyer ni dans une année, ni à
jamais, s'il y a la moindre répugnance ; il ne réussirait as-
surément pas, et vous et moi n'aurions que de la honte et
du chagrin. J'espère qu'il a fait ses études et qu'il aime la
lecture. Il est bien difficile qu'un jeune homme devienne
le moins du monde considérable, s'il est tout à fait
ignorant; et on n'estime pas un jeune cavalier dans ce pays,
parce qu'il danse, a la figure jolie et fait des armes. Il

5.

faut quelque chose de plus à moins qu'on n'ait un génie supérieur, et qu'on veuille regagner par l'application, ce qu'une éducation négligée nous a fait perdre. Voilà, mon cher frère, mon sens des choses. Cette lettre vous paraîtra peut-être un sermon, mais dans cette occasion, je me trouve obligé à parler franchement, si bien que si ce jeune cavalier, qui ne peut être auprès de nous, manque, on d'inclination ou d'éducation, gardez-le dans vos troupes, où les défauts ne sont presque pas aperçus, puisque selon ce que nous en voyons de temps en temps, rien n'est si commun que l'ignorance totale dans la jeune noblesse française. Pour une visite, comme nous marchons cette semaine sans que je sache trop où nous allons, cela sera et difficile et incertain, et même peut-être pas à propos ; cela dépendra des circonstances.

« Au reste, je m'étonne qu'à une si prodigieuse levée de cavalerie que celle qu'on fait chez vous, vous ayez demeuré dans l'inaction par rapport à ce jeune homme. Je vous le répète donc encore : jamais on ne réussira dans notre métier avec l'indolence. Si vous le gardez, selon que ses inclinations vous y peuvent et doivent porter, si elles sont telles, je vous offre de vous aider de la moitié dans son avancement ; et surtout souvenez-vous, par les tristes exemples que vous avez eus dans votre propre maison, combien il est dangereux de laisser croupir un jeune homme plus d'une année subalterne. Je vous ai dit cela souvent, il est vrai ; mais je ne me lasse point de le redire, et il vaut infiniment mieux le laisser (je me souviens de l'expression) *truquo Taouliés* à Castres, que de l'envoyer à l'armée sur ce pied là. Adieu, mon cher frère, mon sermon paraîtrait un tant soit peu banal à qui n'en connaîtrait pas l'intention ; mais vous êtes au fait et me rendez bien la justice de connaître le motif qui me fait parler, puisque vous savez que je suis de tout mon cœur tout à vous et votre très-humble et très-obéissant serviteur. — J.-L. L. — »

« A Londres, le 18 juillet 1742.

« Je viens de relever d'une maladie dangereuse, mon cher frère ; je me prépare à partir pour la Flandre avec la cavalerie dont il a plu au roi de me charger. Je vous avoue que je n'approuve pas trop l'emploi où vous avez mis votre fils, surtout s'il demeure subalterne plus d'une année. Je vous tiendrai ce que je vous ai promis, c'est-à-dire de lui faire un petit présent tous les ans, et puisque vous le souhaitez ce sera au mois de novembre ; et surtout souvenez-vous qu'il vaut mieux battre le pavé à Castres, ou tuer des perdrix à Montcuquet que de croupir subalterne. Pardonnez-moi, si je vous dis mon opinion librement, nous ne sommes pas, selon moi, en termes de demander des faveurs à votre cour ; il faut attendre un temps plus favorable ; je suis toujours entièrement votre très-humble et très-obéissant serviteur. J.-L. Ligonier. »

« A la Haye, le 11 octobre 1742.

« Mon cher frère, — Étant un jour à causer avec M. de Ladeveze (1) sur le sujet de votre cadet, que vous avez envie de mettre au service, je lui dis que je souhaiterais, ne pouvant pas le faire entrer dans notre service, qu'on pût le mettre dans les troupes d'Hanovre ou de Hesse. M. de Ladeveze sur cette idée, en dit un mot à M. l'envoyé de Hesse ici, qui en écrivit le lendemain à Son Altesse Sérénissime le prince Guillaume, régent de Hesse pour le Roi son frère, qui, par la première poste fit la réponse que je vous envoie, ici incluse, par laquelle vous verrez que votre fils, s'il se conduit en honnête homme peut espérer une fortune considérable. Au reste, je suis honoré de la protection de cette illustre maison : si ceci vous dit, envoyez le jeune cavalier à la Haye, à M. de Ladeveze, car je pourrais être ou à l'armée ou ailleurs ; mais M. de Ladeveze aura la bonté de se charger de toute sa conduite ; en ce cas, donnez-lui ce qui est convenable à un jeune gentilhomme qui doit être introduit dans une des cours les plus polies de l'Europe. Je pars demain pour l'armée ; adressez-moi votre réponse à M. de Ladeveze ici, et croyez-moi tout à vous. J.-L. Ligonier. »

---

(1). M. Rotolp de Ladeveze, issu d'une des plus considérables familles de Castres, par les services de ses membres, comme magistrats à la chambre de l'Edit, avait épousé Marie-Marguerite Ligonier, sœur de Jean-Louis. C'est elle qui fut arrachée à sa mère, lors des premières mesures qui survinrent à Castres, lors de la révocation de l'Edit de Nantes. Jeune fille et en âge d'être mariée, elle ne tarda pas à rentrer dans la religion protestante, et elle alla former un établissement définitif à Utrech en Hollande, où elle mourut au sein d'une nombreuse famille, élevée par elle dans ses principes.

Voici la lettre dont il vient d'être question. En l'écrivant, le prince Guillaume de Hesse, parle de ce dernier d'une manière si franchement gracieuse, qu'elle ne saurait être trop connue. C'est pourtant la première fois qu'elle est mise au jour ; il en est de même de toute la correspondance précédente :

« Ayant vu par votre lettre à M. Militiz que le général Ligonier est d'intention de placer un de ses neveux dans les troupes d'Hanovre, ou les nôtres, je serai charmé de saisir cette occasion pour faire plaisir au susdit général, et je vous prie, Monsieur, de lui en faire part incessamment, là où il se trouvera, en l'assurant que s'il lui plaît d'envoyer ici le jeune homme dont il est question, il pourra compter sur le premier étendard qui viendra à vaquer dans les troupes du royaume de Hesse et qu'en même temps il peut être persuadé que j'aurai de lui tout le soin que je pourrai, étant ravi de cette occasion pour donner quelque preuve de mon amitié à ce digne et galant homme ; je serai bien aise qu'en même temps vous nous fasiez donner le nom et surnom de ce jeune homme, lesquels j'attends avec la réponse qu'il vous fera là dessus, vous assurant au reste de l'estime sincère, etc., etc. — Guillaume de Hesse. »

En transcrivant cette suite de lettres sans rien altérer de leur style net et précis, de leur caractère franc et digne, de leurs pensées, qui couvrent toujours un énorme bon sens, on n'a eu d'autre but ici que de peindre l'homme privé, supposé qu'il puisse être jamais inséparable de l'homme public. Toutefois, on va voir comment sur un théâtre plus élevé, au milieu des plus grands événements de l'époque, en face des premières réputations militaires du temps, Ligonier se comporta comme général d'armée.

VIII.

La guerre, dite de sept ans avait commencé. L'Angleterre et la Hollande, n'osant encore se déclarer, n'avaient envoyé à Marie-Thérèse que des secours en argent. Elle se trouvait réduite à la plus déplorable situation. Ces deux puissances se décidèrent enfin à la soutenir, mais seulement comme auxiliaires, pendant que la France prenait le même rôle auprès de l'Empereur. Bientôt les auxiliaires devinrent partie principale des deux côtés. Ils se virent ainsi entraînés à mesurer leurs forces. C'est ce qu'ils firent à la bataille de Dettingen, dans l'électorat de Mayence.

Les Français avaient pour chef le maréchal de Noailles, ayant sous ses ordres immédiats son neveu, le duc de Grammont, avec le grade de lieutenant général.

L'état-major du roi d'Angleterre et du maréchal duc de Cumberland, son second fils, se composait du comte de Stairs, commandant en chef de l'armée, et de Clément Nevill, Guillaume Harguer, Henri Cornwell, Thomas Hogard, Henri Harrisson, Jean Cope, Jean-Louis LIGONIER, lieutenants généraux.

Ce dernier se trouvait chargé de conduire la tête de l'armée anglo-hanovrienne ; là figurait, aux premiers rangs, le régiment de son nom, commandé par le colonel François-Auguste Ligonier, son frère ; lui, avait été fait lieutenant général en 1740, avec le titre honorifique de grand veneur d'Irlande, et la fonction effective de gouverneur de Kingsale.

Le 26 juin 1743 l'action commença ; il était une heure de l'après-midi. Le feu des alliés était des plus vifs et des mieux servis. Les Français allèrent trois fois à la charge, en se ralliant sous le canon même des ennemis ; enfin, après trois heures d'une mêlée sanglante mais inutile, le maréchal de Noailles, compromis par l'indiscipline du duc de Grammont, auquel furent dus tous les désastres de la journée, fit sonner la retraite ; et, repassant sur la gauche du Mein, il laissa le champ de bataille et le passage libres aux Anglais. Le roi d'Angleterre, entraînant avec lui le duc de Cumberland, qui avait eu la jambe percée d'une balle, ne s'arrêta sur le lieu du combat que le temps d'en prendre possession ; il continua sa marche sur Hanow, recommandant ses blessés à la générosité française.

Le comte de Stairs fit exécuter ces ordres avec tant de précipitation, qu'il laissa sur le champ de bataille deux pièces de canon et six cents blessés. Le maréchal de Noailles les fit transporter dans ses hôpitaux afin d'en prendre le même soin que de ceux de son armée.

Parmi ces blessés se trouvait le colonel François-Auguste Ligonier.

Quelques jours après l'arrivée du roi d'Angleterre à Hanow, il conféra le titre et les honneurs de *Bannerets* au duc de Cumberland, au duc de Malborough, aux comtes de Stairs, de Dummore, Crawfort, de Rothes et d'Al'Ibermale, ainsi qu'aux lieutenants généraux Honeywood, Howley, Cope, LIGONIER et Campbell, en récompense de la bravoure qu'ils avaient fait paraître dans le combat. En même temps, il créa chevaliers de l'ordre du Bain (1) le général Honeywood et les lieutenants généraux Campbell, Cope et LIGONIER ; presque immédiatement il nomma le duc de Cumberland lieutenant général de ses armées.

Dès ce moment, la fortune militaire du général Ligonier se trouve indissolublement liée à celle du prince. Ils résolurent l'un et l'autre de ne plus se séparer. Aussi les retrouve-t-on ensemble, toujours partageant la même gloire, toujours affrontant les mêmes dangers, pendant les cinq années de guerre qui précédèrent la mort du duc de Cumberland, mais ayant toujours pour adversaire Maurice de Saxe, ce grand général de l'époque, qui devait faire payer cher, aux Anglais leur victoire inespérée de Dettingen.

C'est ainsi qu'ils combattirent côte à côte à Fontenoy, le général Ligonier, commandant l'infanterie dans cette fameuse attaque, que finirent par repousser les gardes de la maison du roi et les carabiniers français. *Dans cette action,* dit un historien anglais, *où les généraux firent voir, également des deux parts, leur habileté dans l'art de la guerre, où toutes les troupes qui se trouvèrent en présence acquirent un égal honneur, vaincues ou victorieuses,* le général Ligonier, en conduisant et amenant par trois fois au feu cette redoutable colonne que quelques tacticiens modernes avaient jusque-là prétendue invincible, comprit mieux que personne l'importance de ce premier choc des Français, auquel ont été dus, depuis, tant de grands triomphes.

Le prince et lui se dédommagèrent bientôt de leur dé-

_____

(1) L'ordre du Bain est si rare en Angleterre qu'on ne le donne que pour les plus grands services rendus.

faite de Fontenoy par la part qu'ils prirent, l'année suivante, à l'expédition d'Ecosse contre le prétendant. Ils le vainquirent à Carlisle et à Culloden, le forcèrent de repasser la mer, ruinant ainsi ses dernières tentatives, et, avec elles, les espérances mal déguisées des Jacobites répandus sur divers Etats du continent.

Ligonier paya ses succès de général par la mort de François-Auguste, son frère. Ce dernier, déjà mal guéri d'une grave blessure, reçue à la tête de son régiment de dragons pendant la bataille de Dettingen, et fait à cette occasion brigadier, court prendre part aux affaires d'Ecosse. Il y fut blessé de nouveau, à Falkirk, mais d'une manière dangereuse. Peu de jours après il mourut à Edimbourg, laissant un enfant qui continua son nom et ses services dans l'armée du roi d'Angleterre.

Jean-Louis Ligonier repartit presque aussitôt pour commencer la campagne de Flandres comme général en chef. Il dirigea en cette qualité la bataille de Rocoux (11 octobre 1746)(1) à la tête du contingent anglais. Le maréchal de Saxe l'emporta encore dans cette occasion, où, comme on l'a déjà remarqué, chaque corps d'armée avait pour chef un général d'une nation différente. Ligonier occupait le premier rang: c'est à lui qu'on doit la direction d'une retraite très-remarquable au point de vue stratégique (2).

L'année suivante la position n'était pas changée, en ce

(1) « A Rocoux, les deux premiers rangs des Hessois furent tués à leur place ; on fit dans le village 800 prisonniers, qui furent dépouillés dans un instant et que nous trouvâmes tous nus.

« Le défaut de jour sauva l'armée ennemie ; il est vrai que le maréchal de Saxe, persuadé que le prince Charles s'en irait, fit commencer l'action un peu tard, en me disant : *Ce n'est pas ma faute ; il y a longtemps que je sonne la cloche ; ils ne veulent pas s'en aller.*

« Les ennemis laissèrent 4,000 hommes tués, 2,000 prisonniers, 40 pièces de canon, 60 officiers prisonniers, dont le prince d'Isembourg commandant les Hessois, un colonel anglais et un colonel hessois. Nous eûmes 33 officiers tués dont M. de Fénélon lieutenant-général, 200 officiers blessés, 1,114 soldats tués et 2,636 blessés. » (souvenirs du Marquis de Valfons, lieutenant-général des armées du Roi, commandeur de St-Louis, etc., etc., publiés en 1860, (Dentu libraire), par son petit neveu).

(2) Un tableau, qui a pour sujet cette bataille, figure à son rang et à son époque au musée de Versailles.

sens que la guerre traînait en longueur, alors que tout le monde désirait la paix. Dans ces circonstances, Ligonier écrivait à son frère :

« La Haye, le 7 avril 1747.

« Il y a bien longtemps, mon cher frère, que vous n'avez ouï parler de moi. Les circonstances ne le permettaient pas ; cependant, étant en pays neutre, je ne crois pas qu'il me soit défendu de vous dire que vous avez encore un frère dans le monde, qui a vécu assez pour voir mourir ses deux cadets, aimés et estimés de tout le monde et qui vous aime toujours. Vous avez peut-être su que le roi me fit général en chef de ses troupes dans les Pays-Bas, la campagne passée et, après la bataille de Rocoux, il m'a honoré de la charge de général de sa cavalerie par dessus la liste de vingt-trois lieutenants généraux, si bien que, par la bonté de ce monarque, je me vois presque au faîte des grandeurs militaires et le premier en rang dans son armée, sous Son Altesse Royale le duc de Cumberland. Ces grâces, je crains de ne pas les avoir méritées, non plus que la protection marquée du bon Dieu en tant de différentes occasions.

« Monsieur de Ladeveze me persuade que je vous ferai plaisir de vous envoyer mon portrait, ce que je fais ; il est de la meilleure main et d'une ressemblance frappante.

« M. de Ladeveze s'est chargé pour vous d'une montre d'or que je puis vous recommander pour bonne, parce que je l'ai éprouvée et portée ; j'y ai joint un petit souvenir pour ma sœur de Ladeveze, à qui, aussi bien qu'à toute votre maison, je vous prie de faire mes amitiés et de me croire toujours, mon cher frère, tout à vous et votre très-humble et très-obéissant serviteur. — Le chevalier Ligonier. »

Qu'il est remarquable le ton de franche cordialité et de sincère modestie qui domine dans cette lettre ! Combien d'autres auxquels la fortune a départi ses faveurs avec moins de justice, plus d'empressement, en moins de temps, et qui n'ont jamais su que se plaindre de n'avoir pas été traités suivant leur mérite ! Le général Ligonier, lui, après quarante-quatre ans de services, après une vie presque entière consacrée à étudier, à comprendre, à pratiquer l'art de la guerre avec une réputation incontestable et incontestée de talents et de vertus, ne craint qu'une chose :

c'est de n'être pas digne de son avancement; il l'appelle une grâce! Quelle grande et noble leçon pour les hommes publics de toutes les époques et principalement de la nôtre! Il avait pourtant à leur donner un autre exemple : celui de son dévouement à la personne de son illustre ami, le duc de Cumberland ; c'est ce qui eut lieu ainsi, comme le rapporte l'auteur du *Dictionnaire héraldique* (article Ligonier) :

« A la bataille de Lawfeld, en juillet 1747, où le roi commandait en personne, le duc de Cumberland, généralissime des troupes anglaises, se trouve surpris dans une mêlée. Le général Ligonier, qui accompagnait le prince, s'avisa de quelques stratagèmes qui donnèrent le temps au duc de se retirer (il jeta sur lui son propre manteau, afin de cacher les décorations qui auraient pu trahir son importance), et de rejoindre ses troupes. Aussitôt ce général pour se dégager de nos bataillons se met à animer nos soldats en leur parlant français, afin de trouver le moyen de s'échapper ; mais un carabinier, nommé Haude (1), l'arrêta et lui demanda son épée. Il crut d'abord tenir le duc de Cumberland, parce qu'il apperçut sous son surtout l'ordre du Bain. Il reconnut peu après le général Ligonier qui lui offrit sa bourse pleine d'or. Le carabinier la refusa, en disant, qu'il ne voulait que son épée et le conduisit, (soutenu de son camarade qui l'était venu joindre) au maréchal de Saxe, lequel le mena au Roi ; Sa Majesté fit beaucoup d'accueil au général Ligonier. »

Le continuateur de l'histoire de Languedoc, ajoute à ces détails ceux qui suivent :

« En 1747, Louis XV, s'arrachant aux délices d'une cour voluptueuse, était venu se mettre à la tête de ses armées et il gagna en personne sur le duc de Cumberland la bataille de Lawfeld. Cette fois encore, les anglais furent vaincus par un roi de France. Pendant le combat et à l'instant où la victoire paraissait décidée en faveur de notre armée, Ligonier descend tout à coup des hauteurs qu'il occupait avec une grande partie de la cavalerie anglaise. Celle-ci met d'abord en déroute tout ce qu'on lui oppose ; encore

_____

(1) « Il fut fait prisonnier à Lawfeld par un soldat qui prit son nom, et devint à son tour général pendant la révolution. »
Biographie Michaud — supplément article Ligonier. —

6

un moment et peut-être la fortune abandonnera nos drapeaux. Mais notre cavalerie est renforcée, les escadrons de Ligonier sont enveloppés ; il est fait prisonnier avec presque tout le corps qu'il commande. Les lois de la guerre semblaient décider irrévocablement du sort de ce transfuge ; mais Louis XV, parut ignorer que Ligonier était né son sujet. Il l'admit à sa table ; il le combla d'égards et de bontés. »

A ces détails recueillis à distance, à ces particularités transmises par des intermédiaires, il importe d'ajouter le récit de témoins oculaires, M. de Valfons est de ce nombre. Il s'exprime ainsi dans *ses Souvenirs* (1).

« Le duc de Cumberland avait ordonné aux huit bataillons anglais et hanovriens de sortir du village de Lawfeld, en y mettant le feu, ce qui avait été exécuté ; mais M. de Ligonier, général anglais, revenant de chez M. de Bethiani (général des autrichiens), avec qui il avait été se concerter, trouva près de Lawfeld ce corps qui se retirait ; il représenta à M. de Cumberland que la bataille était perdue si nous nous emparions de ce poste, qui dominait la plaine, que nous y ferions arriver notre artillerie, et que nous écraserions tout ce qui paraîtrait. M. de Cumberland frappé d'une réflexion aussi judicieuse, fit faire demi-tour à droite à la colonne, avec ordre de reprendre les mêmes postes déjà occupés ; ils y arrivaient, quand le corps de M. le comte de Clermont vint pour s'emparer des haies les croyant abandonnées ; elles l'avaient été effectivement à ce que me dit plus tard M. de Ligonier, qui fut pris pendant l'action, et que le Maréchal me confia pour le conduire au Roi.

« L'attaque fut longue et vive ; les ennemis y perdaient du terrain que nous achetions bien cher par nos pertes ; car de soixante-dix officiers que nous étions d'un seul régiment, vingt-deux furent enterrés dans Lawfeld et trente-huit blessés. Nous ne restâmes que dix debout..... Les ennemis furent repoussés dans la plaine au-delà des haies.... J'y courus en porter la nouvelle à M. le Maréchal. Je lui fit part rapidement de ce que je venais de voir dans la plaine, ajoutant qu'il n'y avait pas un moment

---

(1) Voir une note précédente.

à perdre pour charger, avec de la cavalerie, cette nouvelle infanterie qui voulait reprendre Lawfeld.... Nous tombâmes sur l'infanterie que nous écrasâmes, et ce moment décisif nous rendit maîtres de Lawfeld.

« Quoique j'eusse averti les escadrons de la gauche de se mettre sur deux lignes, pour ne pas passer [trop près des haies de Kestel, farcies d'ennemis, ils ne me crurent pas et perdirent beaucoup. Nous nous portâmes en avant un peu en désordre, et fûmes reçus par les Ecossais gris, qui nous auraient battus, sans le régiment de Berry et les carabiniers qui au même instant les prirent en flanc ; ce fut là qu'un carabinier, qui ne s'y trompa pas, surprit M. de Ligonier qui, parlant très-bien français s'était mis à la tête de nos troupes en criant : *chargeons ! chargeons !* L'ordre anglais qu'il avait sur son habit le trahit et il se rendit. Le Roi lui dit lorsqu'il lui fut présenté : *mais, M. de Ligonier, vous êtes français ? — Oui, Sire, je suis né à Castres, d'où mes parents m'ont transporté à un an en Angleterre, à la révocation de l'Edit de Nantes.* »

L'histoire, celle des cours et des colléges, ne s'arrête pas là ; elle se croit obligée d'enregistrer un mot qui ferait le plus grand honneur à Louis XV, s'il avait été prononcé. Elle suppose qu'il dit au général Ligonier, en lui montrant le champ de bataille : *Ne vaudrait-il pas mieux songer sérieusement à la paix, que de faire périr tant de braves gens ?* (1).

Cette magnifique interrogation, mais purement hippothétique, a servi de sujet à un tableau représentant la bataille de Lawfeld, peint par Couderc et exposé dans les galeries de Versailles. Voilà la poésie de l'histoire ; en voici la vérité :

L'auteur d'un des extraits qui précédent, M. Alexandre Dumége, éditeur, annotateur et continuateur de l'histoire de Languedoc par Dom Vaissette, avait en sa possession une lettre très curieuse, écrite par le général Ligonier, à un prince d'Allemagne, le lendemain de la bataille de Lawfeld, et après sa réception par Louis XV. Il voulut bien en donner une copie de sa main, à celui qui trace ces lignes. Elle va suivre :

(1) Eléments d'histoire générale, par M. l'abbé Millot, de l'Académie française, tome 9, page 276.

« Je me hâte de vous apprendre le bon traitement que j'ai reçu du Roi ; les gazettes vous diront ainsi que les relations ce qui s'est passé de général ; quant à moi, j'étais bien loin de m'attendre à l'événement. Le soldat qui m'a pris aurait eu la tête cassée, si j'avais eu encore un pistolet chargé ; il fit tomber mon chapeau et, ôtant le sien pour me saluer, il me dit : mon général, vous êtes mon prisonnier et je vous prie de me payer la bienvenue. Il avait avec lui six autres français, et je leur remis ma bourse ; et, sans descendre de cheval, ils m'ammenèrent vers le Roi qui n'était pas loin, Sa Majesté ayant été au fort du combat. Chemin faisant, des gardes de la prévôté de l'hôtel, que je reconnus bien à leur habit me serrèrent de près et je crus, vu ma position, qu'ils allaient me brancher ; mais quand je fus près du Roi, il me rassura fort en me disant avec un sourire gracieux : Eh bien, Général, nous aurons donc le plaisir de souper ce soir avec vous. Là-dessus, un mousquetaire reçut l'ordre de m'accompagner à mon quartier, et un moment après vint un officier qui me dit : Monsieur, le Roi me charge de vous apporter de bonnes nouvelles : (1) voici vos équipages qui ont été pris, et qu'il vous renvoie. Je croyais rêver, car cette idée d'être branché me revenait souvent à l'esprit. Enfin le Roi fut très gracieux le soir, et eut à table beaucoup d'attention pour moi, ce qui fut un exemple pour les autres. A la fin, comme je prenais congé de Sa Majesté, et rassemblais tout ce qui m'est resté de français dans mon langage, le Roi me dit : Monsieur de Ligonier, votre captivité ne sera pas dure, car vous savez que je ne suis pas bien méchant ; à cela j'avais le cœur gonflé et ne pus répondre qu'en mettant un genou à terre, et le Roi me tendit alors sa belle main dégantée, sur laquelle j'imprimai, je vous jure, un bien chaud baiser, assaisonné de quelques larmes. Le Roi de France est un bien grand et bien bon roi, croyez-le, vous qui avez le bonheur de servir un si admirable prince. »

Après tout ce qui a été dit et écrit sur le compte de

---

(1) « On m'avait confié M. de Ligonier, général anglais, pour lui faire voir l'armée et pour parer aux questions indiscrètes de nos jeunes militaires ; mais un imprudent lui dit : *Monsieur, voilà le plus brave régiment de l'Europe,* en lui montrant celui de Navarre. M. de Ligonier, vexé d'avoir été pris, excédé de questions et d'ennemis, répondit : *Oui, monsieur, je le connais ; je l'ai vu faire prisonnier à Hocsett.* (*Souvenirs* du Marquis de Valfons.)

Louis XV, ce *curieux insouciant*, comme l'appelle un charmant esprit de nos jours, cet homme de bon sens, et de cœur, ainsi que le prouve la correspondance récemment publiée, entre lui et le maréchal de Noailles (1), cette lettre peut donner à réfléchir. Tout ce qu'elle rapporte de la conduite du Roi vainqueur, à l'égard du prisonnier de Lawfeld, constate une bonté si spontanée, et, en même temps si désintéressée, qu'il y aurait à se demander si les fautes tant reprochées à Louis XV, la légéreté de ses impressions, l'inconstance de sa volonté, ne seraient pas plutôt le fait de son éducation, de son entourage, des événements contemporains que de lui-même ? Toujours est-il qu'un vieux soldat tel que Ligonier, un caractère bronzé, comme devait être le sien, par le feu du canon, ou par l'atmosphère des camps, ne lui aurait pas permis d'imprimer un baiser bien chaud, assaisonné de quelques larmes sur une main dont l'artère n'aurait pas répondu aux excitations d'un cœur brûlant de générosité et tendre par nature.

IX.

Si la captivité du général Ligonier dût ne pas être dure suivant la parole du Roi, il est tout aussi certain qu'elle finit bientôt. Avec elle se termine en quelque sorte sa carrière active comme militaire. Toutefois ses précédents ne furent jamais oubliés.

Ainsi en 1748, à l'occasion des préliminaires ou de la conclusion du traité de paix d'Aix-la-Chapelle, il fut nommé lieutenant-général de l'artillerie anglaise. Il succédait en cela au maréchal Vade, remplaçant lui-même du comte de Stairs, qui s'était démis de son commandement général après l'affaire de Dettingen. En même temps le Roi l'appela dans son conseil privé et lui confia le poste de gouverneur des isles de Guernesey.

Dans cette position, et sans qu'il en eut témoigné le moindre désir, la cité de Bath, entraînée par une spontanéité et un accord remarquables, le choisit pour la repré-

(1) Correspondance de Louis XV et du maréchal de Noailles, publiée par ordre de Son Excellence le maréchal Randou, ministre de la guerre, d'après les manuscrits du dépôt de la guerre. — 2 vol. — Librairie de Paul Dupont 1865.

senter dans la Chambre des communes. Enfin dans la ville
de Londres il devint, cette année même gouverneur de
l'Hôpital Français ; là se voit encore, dans la salle du conseil, son portrait équestre en costume de général.

Tous ces honneurs ne changèrent en rien son noble et
digne caractère. Il les reçut avec sa modestie accoutumée.
Il les paya d'un sentiment de reconnaissance bien sincère, à
l'égard de son Souverain et de ses compatriotes d'adoption;
seulement, il y vit l'occasion d'ajouter encore aux services
qu'il avait rendus ; témoin, cette lettre écrite à son frère le
29 avril 1750 :

« Il y a mille années que je devrais avoir répondu à vos
lettres, mon cher frère ; il vaut mieux tard que jamais.
Vous me demandez les grades par où j'ai passsé pendant 47
ans de service ? Je crois donc que, sans marquer les dates
dont je ne me souviens point, il suffira de vous dire que je
commençai en l'année 1703, par une compagnie d'infanterie. Je passai successivement par les grades de major et de
lieutenant-colonel de dragons, gouverneur du fort St-
Philippe de Minorque, puis lieutenant-colonel de cavalerie, colonel de dragons, brigadier, maréchal-de-camp,
grand veneur d'Irlande, gouverneur de Kingsale ; fait lieutenant-général en 1743, et en cette qualité, je commençai
la dernière guerre, et menai la tête de l'armée en Allemagne ; en 1745, je fus fait général de la cavalerie et com-
mandai les armées du Roi à la solde de la Grande-Bretagne, dans les Pays-Bas ; en 1748, je succédai au maréchal
Vade, comme lieutenant-général de l'artillerie, et la cité
de Bath me choisit membre de la Chambre des communes,
quand j'étais en Flandre à l'armée, et de son propre
mouvement.

« Notre gracieux Souverain vient de me donner tout récemment le gouvernement de l'isle de Guernesey. Vous
verrez par le passeport inclus, ce que je possède à présent et la situation où je me trouve par la bonté du Roi.
Je suis, Dieu merci, en bonne santé, sans avoir jamais,
dans 47 ans de service, reçu aucune blessure considérable
dans neuf batailles rangées et vingt-trois siéges, où je me
suis trouvé. Voilà, mon cher frère, ce que vous voulez apprendre, et je crois que cette lettre et la forme de passe-
port que je vous envoie valent bien un certificat de notaire.
J'espère que vous jouissez d'une santé aussi forte et aussi

bien établie que vous puissiez désirer, et que votre famille vous donne tout contentement ; donnez-lui pour exemple un oncle qui, sans parents ni amis, s'est poussé par la persévérance et l'application, aux premiers emplois de la guerre et de l'Etat, dans un pays qui lui était étranger et qui l'a pourtant comblé d'honneurs. Les titres, mon cher frère, ne signifient pas grand'chose à moins que les actions ne les suivent ; ils ne servent qu'à exposer ceux qui en sont décorés, au mépris du public. La bonne éducation que je ne doute pas qu'on ne donne à vos petits-fils, les mettra apparemment à l'abri d'un malheur si grand et si commun.

« Bien des amitiés s'il vous plait au Chevalier, et croyez-moi toujours, avec l'amitié la plus sincère, mon cher frère, tout à vous et votre très-humble et très-obéissant serviteur. — Le chev. Ligonier. Mille amitiés à la Baronne, à ma sœur, et toutes vos familles. »

Afin de compléter ce qui précède, il n'est pas hors de propos d'ajouter que le général Ligonier écrivait encore quelques mois plus tard :

« Les titres que je possède à présent sont : colonel du second régiment des gardes-dragons, lieutenant-général de l'artillerie, général de la cavalerie, chevalier de l'ordre du Bain, membre du très-honorable conseil privé de Sa Majesté, et du parlement pour la cité de Bath.

« Je me suis défait, continuait-il, de la charge de grand veneur d'Irlande, ne comptant pas pouvoir retourner résider dans ce royaume. Voilà, mon cher frère, une situation bien brillante, pour un cadet de Gascogne, gens nobles comme le Roi, mais ordinairement peu chargés des biens périssables de ce monde. » (26 août 1750).

Ce n'est pas que, comme tous les bons esprits du temps, le général Ligonier, ne sentit ce qu'il y avait d'injuste dans les lois du droit d'aînesse. Il s'en était expliqué au contraire d'une manière non équivoque, en disant à son frère, à l'occasion du placement du cadet de sa famille: « Prenez votre parti en galant homme et en gentilhomme, ou avancez ce garçon ou retirez-le du service, et donnez-lui de quoi vivre, *malgré la louable coutume de votre pays d'accumuler tout sur la tête d'un ainé et de laisser les cadets aux soins de la Providence.* » (Lettre du 12 février 1745).

Tel était devenu le religionnaire castrais, le fugitif cherchant à échapper à la sévérité des lois de Louis XIV ; tel il s'était fait, sans *protecteurs* et *sans amis*, mais en développant par l'assiduité et l'application un mérite personnel, déjà largement récompensé.

Ce n'était pourtant pas encore assez pour la considération exceptionnelle dont il jouissait, pour le bien qu'il faisait autour de lui, dans une infinité de fonctions civiles qu'il remplissait à Londres, utilisant ainsi les dernières années d'une vieillesse tellement exempte d'infirmités qu'elle semblait lui faire oublier son âge. Il est vrai qu'il devait mourir nonagénaire.

Sa correspondance pendant cette époque est remarquable par la tranquillité d'esprit qui y domine. C'est celle d'un sage vieillard, rempli de force et de bon sens, cherchant à oublier la date du jour de sa naissance, aimant ses parents, et n'oubliant jamais son devoir.

Les fragments qui suivent fourniront la preuve de tout cela :

« .... Vous avez bien raison de croire que mes affaires ne me peuvent pas permettre de vous aller voir. La charge de grand maître de l'artillerie que j'exerce depuis deux ans que la dite charge est devenue vacante, ne me permet pas de m'absenter pour quinze jours, les détails en étant continuels et prodigieux ; et d'ailleurs, mon cher frère, quoique je jouisse à présent d'une parfaite santé, la vieillesse s'approche. » (1751).

« .... Je vous fais à présent les compliments de la saison, bon jour et bon an, et autant d'autres que vous le pourrez souhaiter ; mais il me semble que le compliment anglais en pareille occasion dit beaucoup davantage: *vivez, Monsieur, tous les jours de votre vie* ; cela comprend la santé et tout ce qui est désirable, car on ne vit pas parce qu'on respire. » (11 janvier 1753).

« ..... Je me réjouis en même temps avec vous que vous jouissiez d'une santé parfaite à un âge où l'on sent quelquefois qu'on a longtemps vécu ; à mon tour je n'ai point à me plaindre ; je n'ai ni goutte, ni gravelle, ni rhumatisme malgré soixante campagnes ; tous mes sens sont bien conservés, et la mémoire aussi parfaite qu'à vingt-cinq ans ; continuons bien longtemps de même, mon cher ami. » (1763).

Six ans avant cette époque, c'est-à-dire à la fin de 1757, Jean-Louis Ligonier, avait reçu sa dignité suprême, celle de Feld-Maréchal, qu'accompagnait le titre de Vicomte à joindre à son nom de famille, et de baron d'Ennerkillen en Irlande. Cela le faisait pair de la Grande-Bretagne, quoiqu'il ne fut pas duc, mais parce que, dit-il, nos pairs entrent tous, même les princes du sang, dans la Chambre haute par le titre de baron. » (1763). (1)

Feld-Maréchal d'Irlande d'après les lois anglaises, ou Maréchal Vicomte suivant sa signature, voilà le couronnement d'une vie longue, mais bien remplie. Voilà le titre officiel de Ligonier, dans les treize années qui précédèrent sa mort, et pendant lesquelles il ne cessa pas un instant de servir le pays qui l'avait accueilli, quand il ne possédait pour tout bien au monde que son épée de gentilhomme et sa vocation de soldat.

X.

Chargé d'ans et d'honneurs, le Feld-Maréchal Ligonier, mourut à Londres le 28 avril 1770. « Il a souffert prodigieusement, écrivait à la date du 11 mai suivant, le vicomte Ligonier son neveu, mais il a témoigné pendant une maladie de quelques mois toute la fermeté possible. »

Celui qui s'exprimait ainsi était fils de François-Auguste Ligonier, mort de ses blessures pendant l'expédition d'Ecosse; il s'était naturalisé et marié en Angleterre, avait laissé trois enfants, un garçon et deux filles, tous dans une certaine position d'alliance ou de fortune.

Le vicomte Edouard de Ligonier avait été depuis longtemps apprécié par le feld-maréchal son oncle. « Mon neveu, écrivait-il à son frère aîné en 1753, va en Espagne;

(1) Ce titre de Vicomte fut transmis au colonel Edouard Ligonier, fils de François-Auguste, mort à Edimbourg, par conséquent neveu du feld-maréchal; celui-ci prit alors (1763) le titre de baron, de Regley, et le 10 septembre 1766, il fut promu à la dignité de Comte. Ainsi, on peut dire qu'en fait de noblesse, il était aussi passé par tous les grades.

7

vous savez qu'il est secrétaire d'ambassade, et pourra peut-
être vous rendre visite à son retour. Il est en assez belle
passe, à 23 ans aide-de-camp du Roi, colonel-capitaine
aux gardes et chargé des affaires en l'absence de l'Ambassadeur. » Dix-sept ans après, ce même jeune diplomate
était Lieutenant-Général des armées britanniques, Comte et
Pair, chevalier de l'ordre du Bain et colonel-propriétaire du
9e régiment d'infanterie. C'est lui qui assista Jean-Louis
Ligonier à ses derniers moments, et qui fut chargé de
veiller à l'exécution de ses dispositions testamentaires,
comme aussi de correspondre à sa place, avec la famille de
Castres.

Voici des notes prises dans ses différentes lettres, relati-
vement à la position du maréchal, à l'époque de sa mort :

« ... J'ai eu l'honneur d'avoir audience la semaine passée du Roi mon maître, pour remettre à Sa Majesté l'ordre
du Bain qu'avait notre oncle ; il l'a comblé de louanges et
m'a assuré, dans les termes les plus forts, le regret qu'il
avait de sa perte. » (3 août 1770).

« ...;. Nous ouvrîmes hier son testament, par lequel
je suis ordonné de vous faire payer 4,000 livres sterling,
une année après sa mort..... Il a tant fait de donations,
que j'aurai de la difficulté à contenter tout le monde. (30
avril 1770, à M. le chevalier de Ligonier, capitaine au régiment de Touraine, second fils de Monsieur de Montcuquet, frère aîné du maréchal).

« ... Le maréchal avait dans les fonds 17,000 livres
sterling, dont il en laisse 16 à sa fille et à ses enfants ; le
reste de ses donations monte à 8,000 livres sterling de plus,
que je suis ordonné de payer une année après sa mort ;
cette somme de 8,000 livres sterling est due de ses appoin-
tements..... Si Madame de Ligonier meurt sans enfants,
tout en général est laissé aux enfants ou fille du maréchal
et à leurs enfants pour une vingtaine de générations. Cette
fille qui a épousé un gentilhomme irlandais de bonne
maison, a un fils et quatre filles, et pourra bien en aug-
menter le nombre. Comme le maréchal a été l'auteur de
sa fortune et qu'il ne l'a point héritée, il pouvait par nos
lois en disposer à sa volonté, et il ne dépendait que de lui
de faire son laquais son héritier. (idem).

« ... Au sujet des chiens et des chevaux, il faut que vous sachiez que j'ai toujours gardé ma meute chez le Maréchal, et qu'il ne se servait jamais que de mes chiens. Les chevaux de selle, il les a donnés à divers amis, excepté trois qui ont chacun au moins vingt ans, et que je garde pour les laisser mourir paisiblement en récompense de leurs services sans jamais les faire monter. Le mobilier est vendu et l'argent en est destiné pour payer en partie les donations. J'ai la vaisselle, les maisons et voilà tout. J'ai cru vous avoir marqué dans ma dernière lettre que si je n'ai point d'enfants, tout en général ira aux enfants du colonel Graham (gendre du maréchal), et à leurs descendants à l'éternité et qu'ils doivent prendre le nom de Ligonier... J'ai une sœur qui a grande envie d'entrer au couvent, comme pensionnaire (par principe d'économie), où croyez-vous qu'elle puisse-être mieux ? Elle a 28 ans, elle est fort sage, fort laide et fort pauvre, enfin, un vrai gibier de monastère ; le maréchal lui a laissé 2,000 livres sterling. » (au même, 16 juin 1770).

Tous ces détails font supposer que la fortune pécuniaire du maréchal Ligonier n'était pas considérable. Son traitement de 8,000 livres sterling environ, lui suffisait à peine, dans un pays comme l'Angleterre, où, plus qu'ailleurs, noblesse et dignité obligent. Seulement ce qu'il y a de remarquable, c'est que dans ses libéralités dernières, il n'oublia pas sa famille, malgré l'existence d'une fille, à laquelle un sort avantageux était attribué.

C'est pour la première fois qu'il est ici question de cette descendance directe. Il est de tradition que, déjà avancé en âge, le Maréchal avait épousé une Wellesley, mais il n'en est nullement question dans sa correspondance avec son frère aîné, ni dans les lettres de ses autres parents réfugiés en Angleterre.

Quoi qu'il en soit, ce qui doit intéresser d'avantage, à un point de vue général, ce sont les honneurs que son pays d'adoption, rendit à sa mémoire. Après sa mort, ses restes furent transportés à Wersminster, où ils figurent encore au milieu des grands hommes de la nation britannique; son buste en marbre blanc, y surmonte son tombeau avec une inscription modeste, mais significative. Le Roi ordonna que son portrait équestre figurerait dans sa galerie.

Ce portrait peint par Reynols, le représente sur un premier plan, tenant en main le bâton du commandement, tandis que, dans le lointain, ses soldats s'emparent d'un drapeau blanc. La gravure a depuis reproduit cette toile d'un beau coloris et d'un dessin irréprochable. C'est la seule œuvre qu'on doive consulter pour avoir une idée de la figure du Maréchal. Toutes les autres, faites d'après des peintres très iusuffisants, manquent généralement d'exactitude et de ressemblance. Voici comment il parle lui-même de celle qui fut envoyée à son frère en 1745, et qui existe encore dans quelques maisons de la ville de Castres :

« ... L'estampe que M. de Ladeveze vous a envoyée, ne mérite pas que vous la conserviez ; elle est prise d'un mauvais portrait qu'un de mes amis avait de moi ; on a même placé le ruban sur l'épaule gauche au lieu de la droite ; l'étoile est bien. Puisque vous le désirez, je laisserai une étoile, un morceau de ruban, mon cachet et mes armes avec le collier de l'ordre autour, comme elles sont dans la chapelle de l'ordre à Winsor, et qui sont gravées dans les passeports que je donne, (12 février 1745). »

Ces armes, comme celles des Ligonier de Montcuquet, portent de gueules au lion d'or, au chef de même chargé d'un croissant, accotté de deux étoiles, le tout d'azur ; le maréchal y avait ajouté un encadrement, formé du collier de l'ordre du Bain, ayant, pour son exergue, *tria juncta in uno*; un cîmier composé d'un casque de fasce, surmonté d'une couronne de comte, d'où surgissait un lion; en supports, deux lions ayant chacun pour collier une tour crénelée, et soutenant une double bannière carrée reproduisant les armes de l'écu ; le tout surmontant la devise, *à Rege et Victoriâ*.

Outre les deux portraits dont il vient d'être question, il en existe un troisième, peint par Fournier, et gravé par P. Tongé avec la date de 1747.

Le maréchal y est reproduit à cheval, en uniforme, tenant son bâton de la main droite, revêtu d'une cuirasse, portant un habit de velours rouge, brodé d'or et doublé de satin noir. Il est décoré d'un grand cordon, terminé par un médaillon, renfermant deux épées en croix et surmonté d'une couronne ; sur le côté droit de la poitrine se trouve une décoration circulaire, en forme de crachat, avec trois couronnes au milieu, et tout autour ces mots, *tria juncta in uno.*

Par-dessus on lit l'inscription suivante, avec le cachet héraldique au milieu :

Sir John Ligonier colonel of one of his Majestis régiments of horse ; cheif ranger of all Ireland ; governor of Kingsale and Charles-fort ; King of the most honorable order of the Bath ; general of the horsse ; and commander in cheif the British troops, and all those Wich are in the Pay of great Britain in the Low Countrey, etc., etc...

Ce qui veut dire en français : Messire Jean Ligonier, colonel de tous les régiments de cavalerie de Leurs Majestés; Feld-Maréchal de toute l'Irlande ; gouverneur de Kingsale et de Charles-fort ; chevalier du très honorable ordre du Bain ; général de cavalerie et commandant en chef de troupes anglaises et de toutes celles qui se trouvent dans le pays de la Grande-Bretagne, ou dans d'autres contrées, etc., etc.

Le texte mis au bas de la gravure du portrait peint par Reynols, diffère peu de celui qui vient d'être transcrit. Toutefois il peut être curieux de le connaître ; le voici :

The Right hon. John lord Viscount LIGONIER, one of his Majesty most hon, *privi-council* Knight of the most hon. *order* of the *Bath,* conlonel of his Majesty's first of *foot-guart* ; Fied-Marthal et commander en chief of his Majesty's forces et *Master-General of the ordonance* etc., etc.

FIN

Castres. imprimerie de veuve Grillon.

www.ingramcontent.com/pod-product-compliance
Lightning Source LLC
LaVergne TN
LVHW021659080426
835510LV00011B/1482